CAPACIDAD CEREBRAL A la QUINTA POTENCIA
Neuro Management

Marco Antonio Jaime Mercado.

Un pretexto para compartirle y celebrar 25 años de carrera como consultor en México y América Latina.

www.inteleq.com.mx

Marco Antonio Jaime Mercado

No se permite la reproducción total o parcial de este libro, ni su incorporación a un sistema informático, ni su transmisión en cualquier forma o por cualquier medio, sea éste electrónico, mecánico, por fotocopia, por grabación u otros métodos, sin el permiso previo y por escrito del titular del *copyrigth*. La infracción de los derechos mencionados puede ser constitutiva de delito contra la propiedad intelectual (Arts. 229 y siguientes de la Ley Federal de Derechos de Autor y Arts. 424 y siguientes del Código Penal).
Edición Mónica Garciadiego

ISBN

Todos los derechos reservados

Porque su cerebro es la única herramienta que realmente importa para dirigir su vida y llevar a las personas, equipos y organizaciones a su máximo potencial.

Conozca su transmisión cerebral y su escala DOC para manejar esa poderosa máquina como si fuera un Ferrari

Dedicatoria

Dedico de manera especial este libro a mi hija Vanessa Una niña especial que por su condición me hizo comprender la importancia del cerebro para las cosas más simples de la vida, pues casi desde su nacimiento le detectaron síndrome de WEST y el pronóstico de que sería casi 100% dependiente durante toda su vida.

También dedico mi esfuerzo a quién con el suyo ha alivianado mi carga para poder invertir tiempo a este proyecto, Susana Padilla, quien hace 20 años con un sí hizo posible construir nuestro hogar y el desenlace posterior de nuestros increíbles hijos; José Antonio el mayor y súper inteligente, David el corazón de oro, La bella y sensible Gaby y Vanessa la menor.

Agradezco además hasta el cielo a quiénes durante su vida y con su ejemplo me mostraron el camino de fortaleza, alegría y carácter. Mi padre Antonio Jaime de Alba un soñador inspirado siempre alegre, ocurrente y medio compositor. Y mi madre; La Güera linda, María Guadalupe Mercado Vallejo. Una guerrera de vida, que a la temprana muerte de mi padre logra sacar adelante a sus 7 hijos. Sin recursos de por medio pero con gran corazón.

Desde luego a mis hermanos; Arcelia, Paty, Susana, Norma, Rubén y Ramiro. Que más allá de ser hermanos son y serán siempre mi convivencia preferida.

Y como no agradecer a la vida por los grandes amigos que ha puesto en mí camino y que han confiado en mí a veces más que yo mismo. Que en situaciones complicadas, siempre han estado a mi lado. A mis amigos los Ponce. Manuel, Luis, Eliborio, Jesús, Daniel, Javier. A Jesús Gómez Espejel, Roberto Camarena, Leonardo García, Fernando Gutiérrez, Alfredo Preciado, Luis Díaz, Ángel García, Edgar Muñoz, Joel, Betty y tantos más.

A líderes y empresarios de México y América Latina de quienes tanto he aprendido a lo largo de 25 años. La experiencia de haberlos encontrado en mi camino ha reforzado en mí el propósito de compartir toda la riqueza y experiencia que de ellos he recibido.

GRACIAS DIOS por tan grandes regalos.

Marco Antonio Jaime Mercado

Contenido

Introducción	9
1. Las empresas y organizaciones tradicionales están pasando de moda.	15
• **Caida de los gigantes**	15
• **Nuevas fórmulas**	17
2. ¿Qué es? NMP5 neuromanagement a la quinta potencia.	21
3. Revisando nuestra mega maquinaria mágica.	27
• ¿Cómo funciona nuestro cerebro?	28
• 5 cerebros	33
• 5 memorias	52
✓ Comprendiendo el conectoma	52
✓ ¿Qué guardan nuestras memorias?	54
✓ Cada una de nuestras memorias	56
• 5 velocidades	78
4. El manual de su cerebro.	89
5. Sinfonía cerebral (uniendo las piezas)	121
6. Caja de velocidades o neurotransmisión NP5.	129
7. Escala DOC (Desempeño óptimo cerebral).	141
8. Bloqueos cerebrales.	147
9. Autonomía e interdependencia	151
10. Crear organizaciones alfa es un reto cerebral.	161
• Neuroplasticidad aplicada	161
• Neuronas espejo y neuroempatía	172
• Autopoiesis	176

11. Neuromanagement Power Five.	179
• Neuroliderazgo	181
• Neuromarketing	184
• Neuroaprendizaje	189
12. Procesos efectivos de enseñanza aprendizaje en las organizaciones.	193
13. Equipos empoderados y de alto desempeño.	199
14. Zonas de confort y como salir de ellas.	203
15. Actitud 4x4 (Todo terreno).	207
Agradecimiento y conclusión	211
Anexos y referencias.	213
Rescate de frases	217
Acerca del autor	219

Introducción.

¿Por qué hablar de capacidad cerebral a la quinta potencia o **Neuromanagement**? Como si no hubiera suficientes modas en el mundo del desarrollo personal, empresarial y organizacional, para introducir una adicional. Más aún, ¿por qué afirmar que el abordaje de este importante tema, en nosotros mismos y en los demás, puede tener un poder exponencial elevado a la quinta potencia?

Hay una frase que me convenció a aventurarme y escribir este libro, se las comparto.

**"Enseñar sin saber cómo funciona el cerebro es como querer diseñar un guante sin nunca haber visto una mano." –
Leslie Hart**

Agregaría a esta frase que además de la función de enseñar se requiere comprender como es que funciona el sistema cerebral para dirigir, capacitar, vender, motivar, organizar, mejorar, influir y negociar. Entonces uno de los propósitos principales al escribir este libro es que usted y yo revisemos como es que funciona este complejo sistema y cómo potenciar todas sus capacidades.

Así que no importa que profesión tenga usted, si es maestro, consultor, gerente, psicólogo, empresario, comunicador, artista, político o cualquier otra donde requiera sacar el mayor provecho de usted mismo o de un equipo, este enfoque le será útil para ampliar sus opciones.

Descubriendo la llave.

Después de 25 años de carrera como consultor y habiendo pasado anteriormente por otros 2 años como jefe de personal en la empresa Bimbo de Occidente, donde me correspondía entrevistar personas y definir si tenían o no el perfil para el puesto requerido. Caigo en la cuenta que todos aquellos que nos dedicamos a desarrollar personas, integrar equipos, influir en mercados o conectar organizaciones, no siempre encontramos las herramientas o habilidades indispensables para llevar este proceso con éxito.

Aquellas personas que inicialmente reúnen los requisitos para un puesto, no siempre tienen la actitud necesaria o la madurez emocional para llegar hasta el final del propósito. O aquellos que tienen las dos características anteriores les resulta fácil con el tiempo caer en su zona de confort y estancarse por años en el mismo puesto, tal vez porque ya tienen resuelto como llevar el pan a su casa. Así mismo pasa con los mercados, los equipos de trabajo y por ende con las organizaciones.

Gracias a mi paso por esa empresa que valoro, BIMBO y sobre todo por esa visión humana, profesional, austera y bien orquestada de su fundador que en paz descanse. **Lorenzo Servitje Sendra**. Fue que decidí dedicarme a la consultoría. Ya que yo regresaba de Guadalajara cada fin de semana a mi tierra en los Altos de Jalisco. Tepatitlán. Observaba como las empresas locales casi todas de tipo familiar se debatían muchas de ellas en la desorganización, la falta de planeación, sin procesos definidos, baja rentabilidad, problemas financieros, llenas de personas insatisfechas y poco comprometidas. No podía evitar la tentación de las comparaciones y de pensar que todas las empresas deberían ser como BIMBO. Así era como pensaba en ese entonces y eso me despertó la inquietud de volverme consultor.

Desde luego no creo que la realidad que vivían las empresas en mi tierra se haya debido a la mala intención de sus dueños de dirigirlas así. Sino que muchas veces era por falta de visión empresarial o mejores habilidades directivas para corregir el rumbo.

Un 2 de mayo de 1993 llegó la hora de la prueba, abandoné mi **Zona de Confort**, BIMBO, esa empresa donde tenía un buen sueldo. Renuncié y empecé con mi despacho de consultoría inicialmente llamado CEDE. (Centro de Desarrollo Empresarial). Cuando apenas tenía 24 años de edad.

Es lógico que cuando llegaba con los primeros empresarios me dijeran o los más educados "pensaban" este chavo ¿qué me va a enseñar? Y aunque yo pensara lo mismo, debía dar una imagen de seguridad en mis capacidades, pues era evidente que al momento de contrastar sus empresas con aquella donde yo había trabajado y otras que por mi función también había conocido, había mucho que cambiar y mejorar.

Un buen día, recuerdo que un empresario me llamó para decirme: "Quiero que haga tales cosas en mi empresa para que la gente se motive y mejores sus resultados." y casi me detalló lo que él deseaba que yo hiciera. Así que respetuosamente le conteste. "Si usted me va a decir que hacer, **no me necesita**". Permítame primero revisar su empresa, tal vez no funciona porque **todo su personal le dice que SI**. ¿Qué tal si usted está equivocado? Son los famosos **YES MAN**, que abundan en las empresas, instituciones y los gobiernos. Se quedó observándome en silencio no quise interpretar su pensamiento pero sospecho que no le cayó nada bien mi respuesta.

Descubrí que algunas veces la mejor forma que existe para que una empresa mejore es CAMBIANDOLA DE DUEÑO.

En ese tiempo estaba de moda la CALIDAD TOTAL, Una métodología que **Edwards Deming** un estadístico estadounidense considerado el gurú y precursor de la calidad, había desarrollado principalmente en Japón y que contribuyó significativamente para el desarrollo de ese país. Sobre todo después de la segunda guerra mundial, pues gracias a la aplicación de los principios de Deming, Japón pasó de ser un país devastado en la segunda guerra mundial, a ser el segundo país más desarrollado del mundo para la década de los 90´s.

Decidí que para tener un buen comienzo de mi consultora realizaría un seminario sobre **Calidad total** para las empresas de mi región, en el que se explicarían a fondo los **14 principios de Deming y las 7 enfermedades recurrentes de las empresas**. Como un incentivo para las empresas que colaboraran para el desarrollo de dicho seminario les regalaría un diagnóstico, es decir; ir a esa empresa y hacer una revisión a fondo de su realidad y padecimientos que esta tendría.

Hubo 10 empresas que aceptaron y apoyaron mi iniciativa. 6 de ellas permitieron el diagnóstico pues otras ya estaban llevando procesos similares y otras de plano no confiaron o solo apoyaron por mera colaboración.

Fue así que después de presentar el diagnóstico a cada empresa surgieron mis primeros clientes como consultor y la aventura de darme cuenta que cosas funcionan y cuales no funcionan al intentar desarrollar una empresa.

Algunas de esas empresas permitieron llevar procesos largos de intervención para la mejora y desarrollo, dos de ellas por más de 5 años logrando convertirse en empresas sólidas y mucho más desarrolladas. Nada mal para un joven que apenas iniciaba su aventura como consultor.

La vida y la decisión de abandonar mi zona de Confort en una empresa que me pagaba bien, me ha permitido conocer e intervenir desde entonces en cientos de casos distintos en todo México y américa latina y no solo en el mundo empresarial sino además en el ámbito gubernamental, político y de las instituciones no lucrativas.

En 25 años de carrera saco una conclusión. **El elemento fundamental para el desarrollo de cualquier empresa o institución es la gente**, es y será siempre la estrategia más relevante, la inversión más atinada. Pero es precisamente el ámbito más desconocido y al que menos se le apuesta.

Es por ello que este libro intentará mostrar todos los argumentos y experiencias posibles de cómo es que esta gran LOCOMOTORA que toda empresa tiene, "SU GENTE" Es el elemento principal.

Resumen

En 25 años de carrera saco una conclusión. El elemento fundamental para el desarrollo de cualquier organización es la gente, es y será siempre la estrategia más relevante, la inversión más atinada. Pero es precisamente el ámbito más desconocido y al que menos se le apuesta

1. Las empresas y organizaciones tradicionales están pasando de moda.

Con el paso de los años vemos como los modelos tradicionales de hacer negocios y forjar organizaciones caduca, la prueba de ello es la caída o desaparición de grandes negocios de talla mundial que parecían invencibles. Algunos fuimos testigos de la caída del Muro de Berling, el atentado a las Torres Gemelas, el desplome de grandes dictadores y filosofías mundiales que no prosperaron, vimos desaparecer sistemas políticos y sociales.

- Caída de los gigantes.

Esta situación no ha sido ajena al mundo de las empresas y en cada caso observamos patrones relacionados con esa ceguera o sordera que nos impidieron percatarnos frente a nuestros propios ojos de los riesgos que nos circundan y que pueden derrumbarnos, veamos algunos ejemplos.

Blockbuster

En 2004 no tenía rival, con sus 9.000 tiendas y más de 60.000 empleados en todo el mundo. Alquilaban videojuegos y películas. Todo pasaba por Blockbuster. Nacieron en 1985 en Texas y en dos años, ya tenían 17 tiendas en EEUU. En 1993, llegaban a 3.000. Su expansión era tan imparable que en 1994 Viacom llegó a ofrecer 8.400 millones de dólares por ella. Era una inversión segura, o al menos eso pensaban... hasta que todo se torció con la llegada de NetFlix.

Intentó adaptarse al futuro, pero no tuvo éxito. Primero puso en marcha un ambicioso plan de suscripción por correo, pero la gente ya le estaba tomando gusto a recurrir a su ordenador para ver películas. Luego puso en marcha un plan de suscripción vía streaming, pero tampoco pudo competir con los precios que ya ofrecían plataformas como Netflix o Redbox. Dish se hizo en 2011 con Blockbuster por sólo 223 millones. En 2013, el gigante del alquiler cerró su última tienda.

Olivetti.

Esta empresa italiana que se fundó en 1908 con apenas 20 empleados en las afueras de Turín. Fabricaba máquinas de escribir bastante buenas parece. Su fama se extendió rápidamente por el mundo y creció igual de deprisa su presencia en el mercado, nunca se quedó quieta. Pero se enfrascó en la fabricación de calculadoras eléctricas y en 1959 hizo realidad el primer ordenador italiano. Adriano Olivetti, fundador de la compañía, murió en 1960. Pero la empresa siguió a paso firme con su carrera informática. En 1982 sacó al mercado el primer ordenador personal europeo, el M20. Y luego otros muchos. En 1990 se metió en el mundo de las telecomunicaciones. Primero llegaron los ratones, luego las disqueteras, cada vez aparecían nuevos avances que resultaban más caros de producir que de comprar. El avance tecnológico acabó con su aventura industrial y hoy prácticamente ha desaparecido.

Kodak

Una compañía con 140 años de historia, fundada por el inventor George Eastman en 1888 y el hombre de negocios Henry Strong en 1889. Nacida en los Estados Unidos. Llegó a convertirse en el gigante mundial de la industria dedicada al diseño, producción y comercialización de equipamiento fotográfico.

El 17 de enero de 2012 entró en concurso de acreedores. Actualmente la empresa sigue activa y pasa por un proceso de reestructuración y renovación. El 12 de marzo de 2014, la Junta Directiva eligió como director ejecutivo a Jeff Clarke para liderar este proceso.

Como ya lo advertimos, nadie puede estar a salvo o en su zona de seguridad, porque esta zona simplemente ya no existe o mejor dicho, nuestra mayor garantía ahora es una renovación permanente y ese criterio no es exclusivo del ambiente empresarial, en el ámbito político, económico, social y cultural también vemos grandes cambios, la caída del comunismo, la integración al mundo del comercio global de los dos países más poblados del mundo China, La India, la integración comercial, la modernización de los países árabes, tratados internacionales, un mundo que sin barreras todos los días se reinventa y nos va pidiendo más.

- Nuevas fórmulas.

Compañías robustas como la cadena de hoteles Hilton una empresa internacional de hoteles fundada por Conrad Hilton en el año 1919 en Cisco, Texas (Estados Unidos). Es decir hace ya casi 100 años. Se están viendo amenazadas con la llegada de nuevos modelos de negocio como **Airbnb** fundada en el 2008, una plataforma de software dedicada a la oferta de alojamientos a particulares tenía ya en 2012 una oferta de unas 2.000.000 propiedades en 192 países y 33.000 ciudades. Desde su creación en noviembre de 2008 hasta junio de 2012 se realizaron 10 millones de reservas. Esta compañía con menos de 10 años está poniendo a temblar a las principales cadenas hoteleras del mundo y no solo eso. Su valor supera con mucho el valor comercial de cualquiera de ellas.

Existen cientos de ejemplos de nuevos modelos empresariales y organizacionales que no tienen más de 20 años de vida pero que ahora están marcando la pauta y el mundo se mueve a su ritmo, sin ellos no se entendería nuestra nueva realidad: Google, Facebook, Amazon, Apple, Alibaba, Uber, Spotify, Solar City, Netflix y muchas más que son los nuevos gigantes mundiales.

Pero el propósito original de esta reflexión es darnos cuenta que la forma tradicional de hacer negocios está pasando de moda, las nuevas iniciativas deben estar sustentadas en la innovación, la escalabilidad, la empatía con el dolor humano y la conexión de nuestro desarrollo con el mercado que buscamos.

El futuro del mundo se encuentra en nuestro cerebro

Así que no hay alternativa y debemos comprender mejor nuestra mente humana pues es ahí donde están todas nuestras herramientas para descubrir, innovar y marcar nuevas tendencias, entender comportamientos y como es que las personas tomamos decisiones.

Es también por ello que las nuevas disciplinas derivadas de la neurociencia como: El Neuromarketing, Neuroliderazgo, Neuroaprendizaje Neuropolítica, buscan comprender y hacer de nuestro cerebro el nuevo campo de batalla.

Ya no bastan las investigaciones tradicionales de mercado como estudios de opinión o focus group, para tomar decisiones y diseñar estrategias comerciales. Porque resulta que la mayoría de la gente miente o no sabe lo que quiere, se ha podido comprobar que sus respuestas a dichos estudios son elaboradas desde un cerebro intelectual que no decide en la compra pues a la hora de comprar los productos o servicios, toma decisiones con su cerebro emocional o reptil. Temas que más adelante revisaremos a detalle.

Cuando afirmo que la forma de hacer empresas y organizaciones está pasando de moda es porque hoy no basta la administración de ocurrencias, el análisis de los grandes expertos o académicos para el desarrollo de nuevos productos o propuestas de servicios. Los mercados se han convertido cada vez en un ente más complejo y pasajero. Quienes deciden invertir por ejemplo en las telecomunicaciones, la medicina, la vivienda o en la industria petrolera deberá tomar en cuenta que todas esas industrias se reinventan cada día. Hoy no basta con repensar los mercados es necesario repensar nuestras empresas.

Y esa es una de las tareas de los nuevos directivos. Construir viabilidad en medio de un entorno cambiante y un futuro incierto. La capacidad de ganarle al futuro o de crear propuestas de valor únicas aún en los mismos productos y servicios que ya estamos ofreciendo.

Si revisamos por ejemplo el caso de TELMEX, una compañía que durante décadas ha liderado el mercado de las telecomunicaciones en México. Nos damos cuenta que cada día más los usuarios se están desconectando de los teléfonos fijos, esa ola está pasando y la oferta sustituta para mantenerlos como clientes de la empresa es ofrecerles otro tipo de servicios como el internet, los créditos o bien los paquetes como CLARO VIDEO.

Si la necesidad de reinventarse cada día les llega a las grandes corporaciones porque de eso depende su viabilidad, cuanto más será necesario repensarnos nosotros mismos, simples mortales que pretendemos incursionar y tener un espacio en la nueva era.

Luego entonces, la tarea de repensarnos *es una función cerebral* que los actuales directivos deben ser hábiles para propiciar con las personas y equipos que tienen a su cargo, porque todos tenemos un enorme potencial, pero nunca se nos entregó el manual para obtener el mayor provecho posible de ese mágico sistema.

2. ¿Qué es el NMP5 Neuromanagment a la Quinta Potencia?

La primera vez que tuve que investigar un poco más a fondo sobre el funcionamiento del cerebro fue cuando a mi hija Vanessa la más pequeña, le detectaron síndrome de West, apenas tenía un par de meses de haber nacido. Así que no soy neurólogo ni algo parecido, pero intentar entender lo que a mi hija le sucede, me ha llevado a investigar las razones que impiden que podamos conectar o las opciones posibles para explorar otras vías. Le comparto un poco de lo que es ese síndrome.

El síndrome de West (SW) o síndrome de los espasmos infantiles es una encefalopatía (alteración cerebral) epiléptica, grave y poco frecuente, que debe su nombre a William James West (1793-1848), médico inglés que describió por primera vez el cuadro (presente en su propio hijo) se caracteriza típicamente por tres hallazgos: espasmos epilépticos, retraso del desarrollo psicomotor y electroencefalograma con un trazado característico de hipsarritmias es decir descargas sin control en el cerebro.

Al no poder realizar conexiones o al ser destruidas por las descargas eléctricas, siempre genera algún grado de retraso global en el desarrollo infantil aunque en algunos casos hay la esperanza de que después de los tres años se reduzca su efecto o evolucione a otro síndrome más agresivo llamado de Lennox Gastaut. En el caso de mi hija Vanessa si hubo esa evolución y con un pronóstico nada alentador pues aproximadamente el 5% de los pacientes con síndrome de Lennox-Gastaut muere por este desorden o por los problemas asociados al mismo en unos 10 años desde el comienzo.

Ese desorden puede prolongarse durante la adolescencia y la edad adulta causando múltiples problemas emocionales y discapacidades en casi todos los pacientes. Muestran dificultades de aprendizaje, pérdida de memoria, y alteraciones de los movimientos. El 50% de los que llegan a la edad adulta están totalmente discapacitados, y tan sólo el 17% puede valerse por sí mismo.

Mi hija Vanessa a sus casi 8 años de edad, aunque ha sido atendida por gente maravillosa y profesional en el CRIT de Occidente (Centro de Rehabilitación Infantil Teletón) y por neurólogos y neurocirujanos muy profesionales como el Neurólogo pediatra Oscar Rolón Lacarriere, el Neurólogo Francisco Miguel Mercado Silva y otros más. No habla, no se sienta por ella misma ni se levanta, no camina, no mastica, es 100% dependiente. Es el regalo más grande que Dios me ha dado y mi inspiración para intentar comprender cada día más, como es que funciona el cerebro.

Y como ya le compartí, de forma involuntaria he asociado lo que he aprendido acerca del cerebro con lo que mi profesión de consultor requiere y me doy cuenta que también hay empresas, organizaciones y hasta instituciones de educación que tienen algún tipo de SINDROME, porque no logran establecer conexiones duraderas con sus clientes, alumnos, proveedores o su propio personal, siendo tan indispensables para el éxito, algo pasa en el proceso que las destruye o debilita.

Me doy cuenta también que los consultores somos una especie de médicos para las organizaciones; pues también son seres vivos que nacen, se desarrollan, se reproducen, pueden llegar a enfermarse o morir si no se atienden a tiempo y profesionalmente.

Después de haber intervenido en más de 140 casos de organizaciones, en México y América Latina observo como muchas de ellas comparten los mismos síntomas y enfermedades. Debería existir también un catálogo o clasificación de enfermedades empresariales y organizacionales.

¿Cómo fue que empecé a conectar el funcionamiento del cerebro con el funcionamiento de las organizaciones?

Mientras impartía el Programa de Liderazgo Transformador (Un modelo de 12 talleres sobre liderazgo y toma de decisiones) que de manera simultánea teníamos grupos presenciales en doce ciudades, uno de los participantes al final de los talleres me regaló un libro llamado. ***El arte de pensar inteligentemente, escrito por el Ph.D. James Hardt.*** Diciéndome que él había conocido a este personaje.

En la portada tiene la imagen de un rostro humano de perfil destacando puntos iluminados en la zona del cerebro y como slogan tiene escrito. *¡Regálate a ti mismo un rejuvenecimiento cerebral!*

Para ser honesto tarde al menos 2 años para abrirlo y leerlo, pues ya me había saturado un poco de lecturas similares y mi excusa era que estaba demasiado ocupado con talleres y conferencias.

El día que lo abrí no pude parar de leer y al final de la lectura concluí que era uno de los mejores libros que había leído en mi vida, el documento abordaba con seriedad y bases científicas temas en los que yo jamás me había puesto a pensar, pues aunque había estudiado ya mucho sobre el comportamiento del cerebro era el primero que abordaba la importancia de cada una de las ondas cerebrales. Y francamente es un libro que sin tener permiso por escrito de su autor para promoverlo, recomiendo ampliamente aunque advierto que me ha resultado difícil conseguirlo para regalar a personas que considero les podría ser muy útil.

Ahí encontré las primeras 5 razones por las cuales cualquier persona, empresa u organización puede elevar su potencial a un **nivel superior** y llegar a su mejor versión posible de productividad, empatía, conexión y creatividad. Desde luego que el libro no aborda directamente los temas que menciono, ni lo que yo concluyo, pero fue un buen inicio.

El autor explica de forma detallada la importancia de cada una de nuestras 5 ondas cerebrales y cómo a lo largo de 30 años de investigación el Dr. James Hardt. Fundador del Biocybernaut Institute, fue descubriendo la forma en la que podemos conducir de forma magistral nuestro cerebro, como si fuera un vehículo potente de 5 velocidades.

Si el descubrimiento y aprendizaje de nuestras 5 ondas cerebrales me pareció fascinante, me di cuenta que era solo el comienzo de algo mucho más complejo, porque al meterme más a fondo a estudiar el cerebro y los avances del mundo en esa materia, concluí algo por lo que tal vez este libro sea polémico. *Nuestro cerebro no es solo uno, sino que son varios cerebros los que poseemos.*

Monstruo de 5 cabezas.

Estaba en una Secretaría de Educación en un Estado de mi país; México, cuando compartí mi enfoque de los 5 cerebros. Aún sin terminar de hablar uno de los funcionarios tomó la palabra y dijo, "Que bueno que haya gente bien intencionada, aunque no siempre informada hablando de estos temas, pero científicamente está demostrado que solo tenemos un cerebro y la educación es un tema muy serio que requiere comprender sociología, psicología, pedagogía, antropología y más disciplinas, como para basarse en modas".

Al principio reaccione pensando *¡sambútete que te quedo jabón!*. Luego reflexioné que todas esas materias que este profesor mencionó no tienen ningún sentido ni fundamento si se ignora cómo funciona nuestro complejo sistema cerebral y decidí que en cuanto publicará este libro, se lo regalaría.

Usted amigo lector merece todo mi respeto y desde luego tiene libertad y criterio para tomar lo que le sea útil, comprendo que no espera ver al final del libro a una o varias personas con 5 cabezas para demostrarle que lo que aquí expongo tienen gran utilidad.

El comienzo.

Al inicio de mi investigación la mayoría de los autores y neurocientíficos solo abordaban tres cerebros o inteligencias, algunos hasta el día de hoy, pero conforme fui avanzando llegué a concluir que en realidad tenemos disponibles por lo menos 5 cerebros, 5 memorias y 5 velocidades que se comportan como **unidades autónomas e independientes**, pero capaces de generar sinergias entre ellas, y que si todas además de llevarlas a su máximo nivel en lo personal, las implementamos en el mundo de las organizaciones. Nuestros resultados podrán ampliarse de forma inimaginable.

¿Porque 5 cerebros si sólo tenemos una cabeza?

Para asignarle a cada sistema en cuestión la **categoría de cerebro** expongo los siguientes criterios que tomé en cuenta y deben cumplir a cabalidad.

1. Ser un sistema de inteligencia autónoma.
2. Cumplir una función diferente y exclusiva.
3. Capacidad de bloquear o inhibir otros cerebros.

Si usted al exponerle cada uno de ellos nota estas características, comprenderá entonces porque he decidido darles esa categoría, entonces estaremos listos para el abordaje a fondo del tema que nos ocupa.

Neuromanagement a la quinta potencia 'N5P' es entonces un sistema de gestión humana que busca comprender los procesos fundamentales para capitalizar al máximo nivel nuestra mega maquinaria mágica, es decir nuestro sistema cerebral, para alcanzar su versión **N5P**, es decir personas, grupos y organizaciones de alto desempeño, donde la gente pueda ser altamente productiva pero además ¡feliz!

Si al final de esta lectura, usted concluye que le ha servido de apoyo para mejorar su vida, contar con una organización o empresa exitosa. Habré cumplido mi objetivo de plasmar en este libro mi experiencia y lo mejor que he recogido de otros autores y personajes a lo largo del camino.

3. Revisando nuestra Mega Maquina Magica

Le invito a pensar en algo que haya sucedido en su vida y que esté seguro de que jamás olvidará. Puede ser un acontecimiento festivo, doloroso, emotivo o gracioso. Regálese un par de minutos para pensar y una vez que lo traiga a su mente intente escribirlo y pensar un poco en ello.

_____
_____
_____
_____

Después intente reflexionar, ¿cuál podría ser la razón por la cual usted jamás olvidará ese acontecimiento? puede escribirlo en una hoja por separado.

_____
_____
_____
_____

Yo le comparto un ejemplo de un acontecimiento en mi vida.
Era el año 2008 cuando yo había tenido una de las peores experiencias económicas de mi vida, intente hacer un negocio de enorme tamaño y por alguna razón todo salió mal y para pagar la quiebra *"me volví experto en ventas"*, pues tuve que vender todo

lo que tenía, mi casa, carro, terreno y conseguir más dinero para intentar resolver o minimizar el problema. Estaba hasta el cuello, empantanado y con cocodrilos, pues no generaba ingresos y todos los días aparecía alguien nuevo a quién pagarle facturas o cuentas, producto de aquel mal negocio.

Un día mi hijo David que para entonces tenía 6 años de edad, me vio tan preocupado que me dijo, *¡papá no te preocupes yo tengo muchísimo dinero!*, rompió su alcancía y me dio todo su dinero, eran $8.00 Pesos. Lo abrace, le agradecí y cada vez que recuerdo esto siento que una enorme emoción invade todo mi ser.

Tanto para usted, como para mi existe la misma fórmula del porque hay conexiones o acontecimientos que jamás olvidaremos y es **porque los vivimos o experimentamos con TODOS NUESTROS CEREBROS al mismo tiempo**, cuando se activan de forma intensa nuestras neuronas generando conexiones ampliadas, es como si un baño de luz completo transformara para siempre nuestra vida.

Imagine ¿Qué pasaría si todo lo que vivimos o aprendemos, tuviéramos la capacidad de recordarlo siempre o nuestros equipos de trabajo tuvieran la capacidad de activar sus cerebros completos y de forma regular?

¿Cómo funciona nuestro cerebro?

Aunque es un órgano que representa apenas el 2% de nuestra masa corporal, se dice que consume entre un 20 y un 40% de nuestra energía y oxígeno. En él se albergan billones de células unos 100,000 millones de neuronas y 100 trillones de interconexiones en serie y en paralelo que proporcionan la base física del funcionamiento cerebral.

Este complejo sistema no siempre ha sido del mismo tamaño, pues gracias a la evolución humana, al consumo de proteína y otros nuevos hábitos, se ha expandido nuestra capacidad de aprender y conectar.

El aprendizaje sucede porque tenemos esas células llamadas neuronas y estas conectan con otras construyendo redes de información que cuando se fortalecen llegan a generar verdaderos vínculos, algunos de ellos persisten de forma duradera o preferente y van creando nuestro andamiaje de pensamiento y comportamiento. Es decir, nos hacen ser lo que somos.
(*Estructura y funcionamiento en Anexo referente 1)

Comunicación entre neuronas.

Una característica fundamental de la comunicación entre las células nerviosas es que: casi nunca se tocan, están separadas por pequeñísimos espacios, cuyo significado y enorme importancia vendría a conocerse mucho tiempo después. Este descubrimiento fue realizado a principios de este siglo por el español Santiago Ramón y Cajal.

A pesar de las diferencias en la forma de las neuronas, su estructura en los sitios en los que se comunican unas con otras es muy similar. ***La parte de la neurona que "habla" con otra neurona tiene siempre una estructura típica***, y la región de la neurona que recibe ese contacto también tiene una forma característica.

A esta zona de interacción de las neuronas **se le llama sinapsis** y su funcionamiento es esencial para explicar prácticamente todas las acciones del cerebro, desde las más sencillas como ordenar a los músculos que se contraigan y se relajen en forma coordinada para llevar a cabo un simple movimiento, hasta las más complicadas tareas intelectuales, pasando también por las funciones que originan, controlan y modulan las emociones y todo el comportamiento humano.

De esa manera somos capaces de procesar toda información sensorial procedente del mundo exterior y del propio cuerpo. Entre las funciones motoras, sensitivas y de integración se encuentran las que cada hemisferio puede procesar.

El hemisferio cerebral izquierdo está especializado en producir y comprender los sonidos del lenguaje, el control de los movimientos hábiles y los gestos con la mano derecha.

El hemisferio derecho está especializado en la percepción de los sonidos no relacionados con el lenguaje (música, llanto...), en la percepción táctil y en la localización espacial de los objetos.

Aunque el conocimiento del cerebro humano y sus capacidades ha tenido una gran evolución y cada día hay más descubrimientos sorprendentes, es ahora que la neurociencia busca explicar en diversas disciplinas el comportamiento humano. Lo que ahora nos parece obvio comprender, tuvo que ser encontrado por experimentos o accidentes de laboratorio. Muchos de ellos con primates, perros o ratas. Los primeros circuitos funcionales identificados fueron los más sencillos, como aquellos que, partiendo de la corteza cerebral, terminan en distintos músculos del cuerpo. El procedimiento para su localización también fue muy rudimentario. Las observaciones pioneras en este campo se hicieron durante la guerra entre Prusia y Dinamarca, alrededor de 1864, cuando el médico alemán Theodor Fritsch se dio cuenta que al tocar algunas áreas descubiertas del cerebro de algunos heridos se producían movimientos musculares siempre en el mismo lugar.

Terminada la guerra, al volver a la práctica médica en Berlín, él y un colega suyo, Eduardo Hitzig, comenzaron a diseñar experimentos para demostrar esta posibilidad. Como no contaban con instalaciones ni laboratorios equipados de ninguna naturaleza, hicieron sus experimentos en la casa del doctor Hitzig, utilizando perros a los cuales anestesiaban y estudiaban sobre la mesa de costura de la señora Hitzig, y ya se imaginará usted la paciencia de esta mujer.

Estos experimentos demostraron la localización de las funciones motoras en la corteza del cerebro y la existencia de conexiones neuronales desde ésa hasta los músculos.

Otros investigadores prosiguieron esta tarea con más detalle y con mejores condiciones para realizar su trabajo. Fue así como se pudo identificar, primero en perros, luego en primates y finalmente en el hombre, cuáles son las áreas de la corteza cerebral que se conectan con los distintos músculos del cuerpo, de la cara y de las extremidades.

Lo mismo se hizo para la percepción sensorial. Se observó en estos experimentos que el movimiento y la sensibilidad de algunas regiones del cuerpo requieren un mayor número de neuronas en la corteza, por ejemplo, las manos y la lengua. Se elaboró así el famoso mapa del "homúnculo" (hombrecito), reproducido en la figura siguiente.

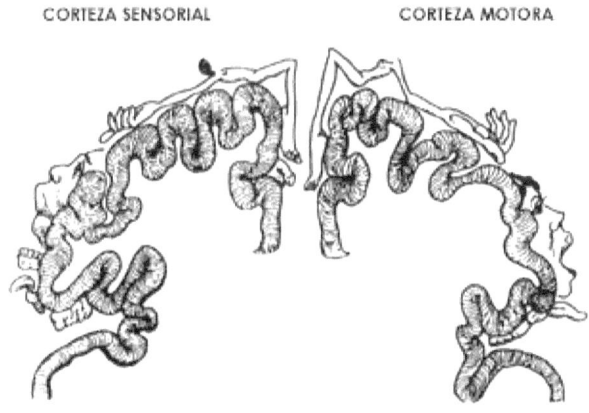

Figura "Mapa del homúnculo" (hombrecito). Área en la que se ubican las neuronas en la corteza sensorial y en la corteza motora que tienen bajo su control las distintas regiones del cuerpo, la cabeza y las extremidades.

La comprensión de las funciones cerebrales comienza a tomar importancia con estos primeros hallazgos y varios años después descubriendo que el cerebro no solo procesa funciones motoras o cognitivas. Que la memoria está vinculada al sistema límbico, situado en el centro del encéfalo y que este además conecta con las emociones, se sabe que el hipocampo controla la sed, el hambre, la agresión y las emociones en general.

*"Somos una mezcla de inteligencia intelectual
e inteligencia emocional".*

Se postula que los impulsos procedentes de los lóbulos frontales se integran en el sistema límbico, llegando al hipotálamo, estructura que a su vez regula el funcionamiento de la glándula hipofisiaria, productora de varias hormonas.

Pero es en el córtex donde se integran las capacidades cognitivas y la posibilidad de ser conscientes, establecer relaciones, hacer razonamientos complejos. Lo que llamamos sustancia gris es una pequeña capa que recubre el resto del cerebro.

El córtex cerebral humano tiene una característica que la distingue de todas las demás. Tiene numerosos pliegues, esto aumenta notablemente su superficie. Si la extendiéramos, ocuparía el área equivalente a cuatro folios. En comparación, la de un chimpancé sólo sería de un folio, la del mono ocuparía como una tarjeta postal y la de la rata la de un sello de correos.

Es tan sorprendente nuestra capacidad cerebral que se dice que si las 24 horas del día estuviéramos guardando información. Nos llevaría llenar nuestro cerebro unos 1,500 años. Todo lo que somos depende de él.

Una vez que hemos comprendido de forma básica como es que funciona nuestra Mega Maquinaria Mágica cerebral, intentaremos explicar las enormes diferencias de cómo es que cada uno de nuestros cerebros funciona o impide funcionar a otros.

5 cerebros.

Aunque ya hace varios años se viene hablando de las inteligencias múltiples un concepto propuesto por Howard Gardner en 1983 quien habla de la inteligencia como un potencial biopsicológico para procesar información y activar nuestra capacidad de resolver problemas o producir soluciones.

Quiero aclarar que mi enfoque no parte de esa visión que respeto mucho, pero mi propuesta es diferente porque esas inteligencias como las llama Gardner; la musical, lógico matemática, visual o corporal y todas las demás yo las dejo en categoría de destrezas o habilidades pero no de inteligencias y mucho menos en categoría de cerebros.

Como ya mencioné con anterioridad los tres requisitos que he tomado para mi propuesta de los 5 cerebros, difieren en mucho con las características de las inteligencias múltiples propuestas por Gardner que son de enorme utilidad. Sin embargo mi enfoque intenta ser un aporte diferente, basado en mi comprensión y experiencia, esperando le sea útil.

Cómo era de esperar tuve que darme a la tarea de investigar a fondo sobre el tema recopilando lo mejor de diversos autores y científicos calificados desde los más antiguos hasta los actuales. Me di cuenta en este proceso es que no hay un documento o tal vez no lo encontré, con un enfoque integral para comprendernos a nosotros mismos y a los demás que aborde 5 cerebros. Así que dejo a su criterio lo que a continuación expondré.

1.- Primer cerebro, el intelectual o cognitivo.

Hasta principios de la década pasada se creyó que el cerebro era solo uno y que poseíamos sólo un tipo de inteligencia. Ahora sabemos que ese es tan solo el cerebro o inteligencia intelectual o cognitiva y que sus funciones principales son el procesamiento de información conciente, digamos que es donde podemos almacenar mayor información como recién lo acabamos de exponer, pues la corteza prefrontal es el centro ejecutivo del cerebro y da soporte al conocimiento de "alto nivel", que incluye la toma de decisiones y la capacidad de resolver problemas.

Los investigadores afirman que esta área del cerebro, tanto más se conozca de ella y de su relación funcional con el resto del sistema mejor se entenderá la inteligencia humana.

Este cerebro cognitivo generalmente aprende en base a la observación, investigación, análisis y repetición así como por las estrategias diversas para recordar lo aprendido y es hasta el día de hoy el cerebro que más se privilegia en las escuelas básicas y medias así como en las universidades y en el mundo de la capacitación. Algunos afirman que "es el único cerebro que habla".

El asunto es que si privilegiamos en la educación y formación solo el desarrollo del **cerebro intelectual**, estamos creando una generación de discapacitados en otras áreas importantes que son útiles para la vida y el desempeño productivo, así observamos cómo hay personas que en la escuela obtuvieron las mejores calificaciones pero en la vida, van de fracaso en fracaso o se han quedado estancadas.

Y es así que hasta hace poco tiempo, las definiciones más aceptadas de inteligencia destacaban solamente los aspectos cognitivos, tales como la memoria y la capacidad para resolver problemas o manejar grandes cantidades de información, se evaluaba a las personas por su coeficiente intelectual como requisito indispensable para ser contratado en una empresa o ser admitido en una carrera, en algunos casos se solicitaban las calificaciones como parte del proceso, sin embargo el tiempo se ha encargado de mostrarnos que un enfoque así de reduccionista no sirve para integrar los mejores equipos de trabajo.

2.- *Segundo cerebro, el cerebro emocional, un gran salto.*

Cuando era jefe de selección en BIMBO de 1991 a 1993 experimente en carne propia lo que anteriormente le expuse pues prácticamente era obligatorio que a todos los candidatos a cualquier puesto de trabajo se les aplicara el examen de HM (Habilidad Mental). Nadie entonces hablaba de la importancia que podría tener alguna otra inteligencia en el desempeño de una función porque era lo que se conocía.

Todas las empresas o instituciones reconocidas por su profesionalismo tenían a su disposición alguna forma de evaluación del I.Q. (Coeficiente Intelectual) para determinar si una persona reunía el perfil de un determinado puesto para ser contratada.

Fue hasta 1995 que Daniel Goleman publica y habla por primera vez del término en su libro INTELIGENCIA EMOCIONAL. Este libro tuvo gran impacto en el enfoque de las organizaciones y en la forma de comprender a las personas, se volvió un referente en periódicos y revistas, tiras cómicas, programas educativos, cursos de formación para empresas, juguetes, o resúmenes divulgativos de los propios libros de Goleman.

Hasta entonces que se comprendió la importancia de entender las emociones, o del *¿por qué hay gente inteligente que hace estupideces?* y de que no necesariamente las personas con mejor coeficiente intelectual son las que tienen mayores probabilidades de éxito en la vida.

Se descubrió que hay otra parte de nuestro cerebro que es la responsable de procesar nuestras emociones y que está ubicada en el sistema límbico que incluye la amígdala, el hipotálamo, y el hipocampo. El sistema límbico tiene que interactuar con el neocórtex porque no puede funcionar completamente solo. Necesita interaccionar con ese sistemas para procesar las emociones.

Imagínese usted, Daniel Goleman ni siquiera era un neurólogo sino un psicólogo y antropólogo y aunque es al autor más reconocido sobre el tema.

Un poco de historia.

Vale la pena señalar que desde principios del siglo pasado ya existía autores y científicos hablando de que el cerebro no podía poseer solo un tipo de inteligencia. Edward L. Thorndike, en 1920, utilizó el término inteligencia social para describir la habilidad de comprender y motivar a otras personas. Es decir que nuestro cerebro tiene la capacidad de influir y ser influido.

En 1940, David Wechsler describió la influencia de factores no intelectivos sobre el comportamiento inteligente y sostuvo, además, que los tests de inteligencia no serían completos hasta que no se pudieran describir adecuadamente estos factores.

El trabajo de estos autores no tuvo repercusión. En 1983, Howard Gardner, en su libro Inteligencias múltiples: la teoría en la práctica, introdujo la idea de que los indicadores de inteligencia, como el cociente intelectual, no explican plenamente la capacidad cognitiva, porque no tienen en cuenta ni la "inteligencia interpersonal" —la capacidad para comprender las intenciones, motivaciones y deseos de otras personas— ni la "inteligencia intrapersonal" —la capacidad para comprenderse uno mismo, apreciar los sentimientos, temores y motivaciones propios.

El primer uso del término inteligencia emocional se atribuye generalmente a Wayne Payne, quien lo cita en su tesis doctoral, un estudio de las emociones: El desarrollo de la inteligencia emocional (1985).

Sin embargo, esta expresión ya había aparecido antes en textos de Beldoch (1964) y Leuner (1966). Stanley Greenspan también propuso un modelo de inteligencia emocional en 1989, al igual que Peter Salovey y John D. Mayer.

En resumen

El cerebro cognitivo o neo córtex donde se alberga nuestra inteligencia intelectual permite un aumento de la sutileza y la complejidad, pero no gobierna la vida emocional porque, esta es una función exclusiva del sistema límbico.

Esto es lo que confiere a los centros de la emoción un poder extraordinario para influir en el funcionamiento global del cerebro, incluyendo a los centros del pensamiento y nuestro comportamiento ante la vida.

Es por ello que nos atrevemos a afirmar que las personas emocionalmente inteligentes pueden llevar una enorme ventaja sobre aquellas que privilegian el desarrollo intelectual. Que si esto fuera un vehículo los intelectuales conocen las rutas y el rumbo, pero los emocionalmente inteligentes poseen el combustible y energía para llegar a la meta.

3.- Tercer cerebro, el Cerebro Reptil.

Por si no fuera suficiente con lidiar con dos cerebros completamente diferentes y autónomos, resulta que tenemos un tercer cerebro y es el cerebro mamífero, primario, reptil, o "cerebro reptiliano", incluye el tronco del encéfalo y el cerebelo.

La frase "cerebro reptiliano" deriva del hecho que el cerebro de un reptil es dominado por el tronco encefálico y el cerebelo, que controla el comportamiento y el pensamiento instintivo para sobrevivir.

Se le llama también cerebro primario porque se afirma que fue el primer cerebro que como seres humanos tuvimos, llegando a afirmarse que incluso ese primer cerebro antes de nuestro desarrollo pesaba la tercera parte de lo que ahora pesa.

Este cerebro también llamado de la SOBREVIVENCIA controla los músculos, equilibrio y las funciones autonómicas (p. ej., respiración y latido del corazón). Por consiguiente, es principalmente reactivo a estímulos directos.

MacLean ilustra esta función, al sugerir que organiza los procesos involucrados en el regreso de las tortugas marinas al mismo terreno de crianza de años atrás.

¿Para qué sirve ese cerebro?

Imagínese usted que va caminando tranquilamente por la calle y que de repente al observar hacia atrás ve un león acercándose a usted, ¿acaso tiene tiempo de activar su pensamiento y decidir? ¡Esfínteres actívense!... Antes que eso suceda usted va a estar pálido, oliendo mal y con unos kilos menos.

Este cerebro reptil funciona a una altísima velocidad porque su trabajo es protegernos y puede llegar a bloquear nuestras demás inteligencias o activarlas de forma exponencial.

En el año de 1988 iba con un grupo de amigos a un evento. Mi amigo Rito quien era el mayor de todos, era el conductor de una flamante Combi de Volkswagen recién reparada y pintada que nos había prestado otro gran amigo de nombre Pedro. Íbamos por una autopista de 2 carriles por lado y con 10 jóvenes ocupantes en ese vehículo que sin asientos atrás, servía de cama para al menos 7 compañeros, ya que los otros tres, incluido el chofer íbamos en el único asiento de adelante. Sin embargo mi amigo ya llevaba toda la noche manejando y por más que me ofrecí a ayudarle él decía.. ¡Voy bien!

Confiando en su palabra y habiéndome ganado el sueño decidí descansar y en pocos minutos me quede dormido, un instante más adelante oí un extraño ruido y sentí la sacudida del vehículo, me di cuenta que mi amigo que conducía se había quedado dormido también. En ese momento le grite "cuidado" el despertó e hizo una maniobra brusca y en unos instantes ya nuestro vehículo había volcado de un lado a otro de la autopista y yéndose hacia un pequeño barranco. Sentí varios golpes en mi cuerpo y cuando abrí los ojos, me di cuenta que había sangre en toda mi camisa que corría desde mi cara. Me olvide pronto de eso porque escuchaba una voz que decía, "sáquenme de aquí" y era un amigo que tenía su pierna atorada abajo del vehículo volcado.

Sin pensarlo fui y levante el vehículo, él pudo sacar su pierna y yo ayudarle a ponerse en un lugar cómodo. Un momento más tarde me quedé pensando... ¡ah caray! Yo levante la Combi... quise después intentar levantarla nuevamente y ya no pude.

¿Se da usted cuenta usted del gran poder que puede tener este cerebro y que no requiere de muchas explicaciones para activarse y cumplir a cabalidad sus funciones?

Sin embargo y desde mi punto de vista como consultor, ese cerebro reptil tan importante en los procesos de desarrollo y progreso humano. He llegado a concluir que es el que mantiene a las personas, las empresas u organizaciones también en su zona de confort. Es en este cerebro que le construimos un monumento al miedo, nos paraliza, entramos en pánico y decidimos resguardarnos en una zona segura.

Más adelante abundaremos con numerosos ejemplos de cómo las personas y las empresas somos afectadas por estas zonas de confort, creadas a partir de no entender nuestro cerebro reptil a tal grado que muchos de nosotros traemos ese cerebro reptiliano dirigiendo nuestra vida como un perro lazarillo guía los pasos de un invidente.

Grandes diferencias entre los 3 cerebros.

Hasta este momento hemos hablado de forma muy superficial tan solo de 3 cerebros y la cosa apenas se empieza a poner buena, pero antes de abordar las características de nuestro cuarto cerebro deseo enfatizar las diferencias más importantes en la forma que nuestros cerebros revisados hasta aquí funcionan.

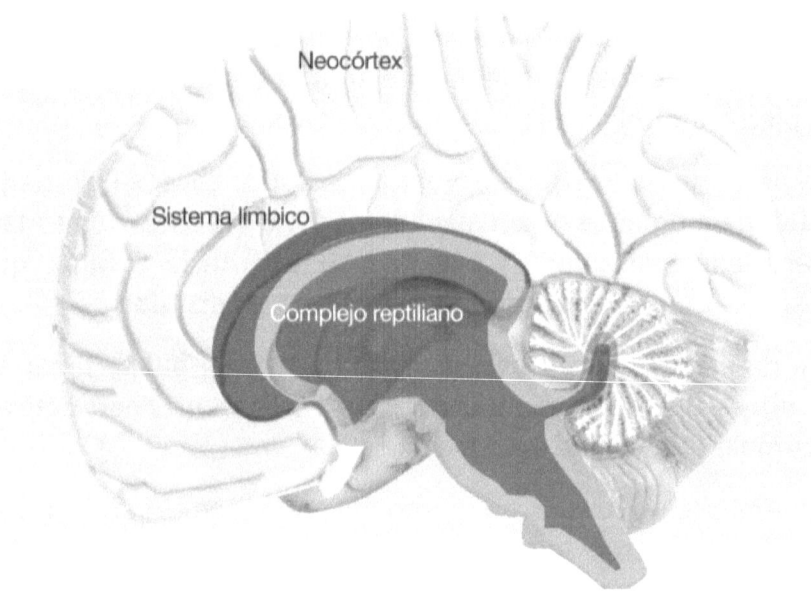

Al cerebro intelectual le corresponde pensar, analizar, revisar, concluir, estudiar, memorizar, repetir y su trabajo más importante es guardar información, datos, etc. Como ya vimos, es el único cerebro que habla, discute, pregunta, analiza, plantea o intenta explicar.

A diferencia del cerebro intelectual, el cerebro emocional no pregunta ni explica nada, no analiza o evalúa. Pero es el que nos hace sentir vivos, pues a través de este cerebro todas nuestras conexiones sensoriales toman forma y se convierten en información valiosa con la cual pasamos de ser una simple computadora insensible a ser personas de carne y hueso que sienten, se apasionan o desilusionan. Hagamos un ejercicio.

Lo invito a regalarle un abrazo a la persona que esté cerca de usted, a darle un beso a su hijo o una sonrisa a una persona próxima a usted.

¿Acaso tuvo que explicarle el abrazo, el beso o la sonrisa?

Obvio no.

Este cerebro es muy simple y por su misma simpleza resulta más difícil de comprender porque no tiene una lógica similar al cerebro intelectual, este cerebro procesa información sensorial que proviene del mundo exterior y aunque muchas personas se atreven a afirmar que podemos controlar nuestras emociones eso falso.

Las emociones no se controlan, simplemente se identifican o incluso se fabrican y después cada quien decide qué hacer con ellas. Cuando analicemos el papel de las neuronas espejo, usted se podrá dar cuenta del importante papel que este descubrimiento juega en varios aspectos de nuestra vida en los que requerimos, empatía en lugar de análisis o comprensión en lugar de entendimiento.

Así mismo pasa con el cerebro reptil, no requiere explicaciones, se activa de forma inmediata y sensorial, la mayoría de las veces inesperadamente y sin control reacciona ante las amenazas del entorno y mucho antes de que nos percatemos ya tomó sus decisiones.

Ninguno de nosotros nos preguntamos ¿Por qué me asusté cuando el avión se dio una sacudida brusca, mientras yo tranquilamente leía? ¿Por qué salté al escuchar un trueno? ¿Por qué casi salto de gusto cuando recibo una llamada y me informan que mis clientes decidieron hacer una gran compra conmigo?

Como podemos observar tenemos en cada uno de nuestros cerebros una maquinaria autónoma y una forma sorprendente de conocernos a nosotros mismos, a nuestros empleados o clientes así como de saber porque las personas toman decisiones y con qué parte del cerebro las están tomando.

Esto se vuelve fundamental si queremos dirigir personas y equipos de forma exitosa, conquistar nuevos mercados y desarrollar nuevos productos o servicios. Ya no basta entonces aprender nuevas herramientas, *nuestro cerebro es la herramienta por excelencia, solo tenemos que conocerlo mejor.*

4.- El cuarto cerebro (Cerebro simbólico).

Hasta este momento al revisar la información acerca de lo asombroso que es nuestro sistema cerebral y que aún en nuestros días muchos autores y estudiosos sólo hablan de tres cerebros o inteligencias, empecé a deducir algo en lo que usted podría o no estar de acuerdo conmigo pero que es lo que hace a este libro diferente, ya usted decidirá si esta propuesta le resulta de utilidad.

Si solo tuviéramos tres cerebros. Uno para aprender y guardar información, otro para procesar nuestras emociones y el tercero para sobrevivir, entonces nuestra vida no tendría mucho sentido ni propósito. ¿Para qué vivir cada día?, ¿porque deberíamos esforzarnos? ¿Qué caso tiene querer las cosas que queremos? ¿Buscar una humanidad mejor o simplemente trascender? Debe entonces existir algo que haga que todo lo que hacemos valga la pena, que nos haga priorizar, ser diferentes y auténticos.

Al no conformarme con el hecho de que ni los tres cerebros juntos pueden dar sentido a nuestra existencia, me puse a investigar y me di cuenta que existen otros dos cerebros sin los cuales no se explica nuestra búsqueda constante, que nos hacen ser lo que somos y tener en la vida razones suficientes para vivir y buscar la felicidad como personas, salir de nosotros mismos, construir vínculos, familias, organizaciones, empresas o civilizaciones e incluso diferenciarnos entre pueblos y razas.

Al involucrarme un poco más, encontré que había un cerebro más potente que los otros tres juntos, que tomaba el mando y el control de todos los demás, dirigiendo nuestra vida muy a pesar de todas las evidencias racionales, emociones o riesgos de sobrevi-vencia que se presentaran.

Para iniciar esta explicación de nuestro cuarto cerebro, tomo como referencia el fragmento de un artículo que llamó poderosamente mi atención publicado en el año 2011 llamado la inteligencia del corazón. Este artículo lo escribe un Blogger español de nombre Jacob[1]

Jacobo, habla de la neurocardiología aduciendo que es la ciencia que estudia al corazón como un órgano neurológico, endocrino e inmunológico.

Esta ciencia ha encontrado algunos hallazgos interesantes, como que los neurotransmisores que se encuentran en el cerebro han sido identificados también en el corazón, estableciéndose una relación bidireccional, neuroquímica y electromagnética directa entre el corazón y el cerebro más allá de las simples conexiones neurológicas que se sabe existen entre ambas. El corazón ejerce a través de las hormonas, los neurotransmisores y **el campo R**

---

[1] anexo su url por si usted tiene interés de conocer más de lo que el escribe.
https://www.blogger.com/profile/10472469175506750710

(campo energético relacional) tanto control o hasta más sobre el cerebro, como este ejerce sobre el corazón.

Desde el punto de vista físico se sabe que el campo electromagnético del corazón es 5000 veces más potente que el campo magnético cerebral, además que esta energía viaja de manera sutil y no local según el teorema de Bell.

Los instrumentos de interferencia superconductora cuántica, los magnetocardiogramas y los magnetoencefalogramas que miden los campos magnéticos fuera del cuerpo muestran que el corazón genera unas 50,000 fentoteslas (rango para medir nuestros campos magnéticos biológicos y cargas eléctricas de las células). El promedio de la frecuencia normal de la actividad eléctrica cerebral se encuentra entre 0 y 100 ciclos/seg., siendo la mayor actividad entre 0 a 30 ciclos/seg., mientras que la frecuencia cardiaca normales de 250 ciclos/seg. Si tenemos en cuenta el fenómeno no local de la energía, el corazón se convierte en el receptor y emisario más poderoso del neuro voltaje.

La Universidad de Oxford llevó a cabo un enorme y extenso volumen de estudios médicos en todo el mundo sobre neurocardiología, llegando a afirmar que este descubrimiento es el mayor asunto de todo el siglo, pero está tan lejos y tan fuera de la común comprensión conceptual, que muchas de las personas que realizaban la investigación no están aun plenamente conscientes de las implicaciones de esta.

Aunque ya desde casi un siglo atrás, Rudolph Steiner, dijo que el mayor descubrimiento de la ciencia del siglo 20 sería que el corazón no es una bomba, sino mucho más, y que el gran desafío de los siglos venideros de la humanidad sería, en efecto, permitir al corazón enseñarnos a pensar de una manera nueva y más inteligente.

El autor de un interesante artículo llamado "El corazón tiene neuronas como las del cerebro" publicado por Arkham, el 13 de abril de 2017 afirma tres cosas.

En primer lugar, sesenta al sesenta y cinco por ciento de todas las células del corazón son células nerviosas como las del cerebro, que funciona exactamente de la misma forma, supervisando y manteniendo el control de los procesos de la totalidad de la mente-cuerpo-cerebro así como conexiones directas sin intermediarios entre el corazón y las estructuras cognitivo emocionales del cerebro.

En segundo lugar, el corazón es la principal estructura glandular endocrina del cuerpo, que produce las hormonas que afectan profundamente las operaciones del cuerpo, del cerebro y de la mente.

En tercer lugar, el corazón produce 2.5 vatios de energía eléctrica en cada pulsación, creando así un campo electromagnético idéntico al campo electromagnético alrededor de la Tierra.

El campo electromagnético del corazón rodea el cuerpo hasta una distancia de cinco metros y genera ondas de energía como la radio y ondas de luz que constituyen la principal fuente de información sobre la cual el cuerpo y el cerebro construyen nuestra red neural y la percepción del mundo. A eso le llaman intuición o lo que se entiende por sexto sentido.

Hasta aquí termino las citas, y no se usted, pero al leer yo esta información me percato de la gran complejidad y simpleza con la que funcionamos. Del poder que tiene nuestro corazón para determinar lo que en nuestra vida tiene o no tiene sentido.

Usted no puede motivarse o motivar a las demás personas a perseguir cosas que no aman, objetivos que no importan, proyectos que no agregan significado a su vida o a la vida de las demás personas, porque es un asunto que tiene que ver con definir prioridades y activar la voluntad. Esto no puede ser procesado por ningún otro cerebro que no sea el del neurocardio.

Al darme cuenta de la importancia de este cerebro me percato de las grandes equivocaciones que como consultor he cometido de forma no intencional pero ignorante al intentar convertir a las instituciones en organizaciones o equipos de alto desempeño. No me siento culpable porque es lo que había disponible y siempre he intentado allegar de las mejores herramientas a Inteleq Institute mi empresa consultora.

¡Imagínese usted! Si las personas sólo pueden ser felices haciendo lo que aman, solo están dispuestas al esfuerzo y sacrificio por aquello que realmente le importa en su corazón, ¿qué caso tiene desarrollar sistemas de incentivos con visiones equivocadas donde sólo se estimula el interés del bolsillo lo cual es tan efímero como la llegada de la siguiente quincena?

¿Cómo dirigir personas y equipos a querer lograr la mejor versión posible de ellos mismos sin tomar en cuenta cual es la propia visión que a ellos les da sentido?

Ahora entiendo la frase que el doctor Victor E. Frankle el autor del libro "el hombre en busca de sentido" mencionaba en una entrevista pocos años antes de morir (2 de septiembre de 1997) y lo decía por medio de una fórmula.

$$D = (E - P)$$

Desesperanza es igual a esfuerzo sin propósito.

Las cosas que importan deben tener sentido para las personas desde el punto de vista del corazón. La gran magia es que cada uno de nosotros puede poner en él lo que se le dé la gana.

Artur Kasprzak, el policía que se sacrificó por su familia. A finales del mes de octubre de 2012, el Huracán Sandy asoló un gran número de países caribeños antes de llegar a los Estados Unidos, este fenómeno acabó con la vida de 285 personas. Una de ellas fue Artur Kasprzak, un policía neoyorquino de 28 años que murió ahogado en el sótano de su casa de Staten Island.

Su sacrificio no fue en vano, ya que antes de fallecer, consiguió salvar la vida a seis personas, entre los que se contaban su propio padre y su hijo de 16 meses. Kasprzak visitó en varias ocasiones el sótano de su casa para salvar a sus familiares, que se habían quedado atrapados y a los que fue subiendo a la azotea.

Sin embargo, aunque prometió en su última bajada que volvería pronto, este inmigrante de origen polaco que llegó a Estados Unidos en 1993 jamás regresó.

¿Cree usted que Arthur Kasprzak no tenía inteligencia cognitiva, emocional o reptiliana para saber que corría peligro? Sin embargo el resultado de esta historia de la cual puede haber miles de otros ejemplos, es que tenemos un cerebro muy potente capaz de asumir el mando e ignorar a los demás cerebros cuando existen prioridades.

¡Cuidado con lo que metemos en este cuarto cerebro!

De acuerdo a un estudio de la universidad de Harvard la mayoría de las personas desgastan su vida por conseguir tres cosas que han puesto en su corazón, DINERO, PODER Y FAMA. El problema es que en ese intento no encontramos la felicidad aunque las conquistemos, entonces definitivamente es una inteligencia que debemos educar, porque un gran número de personas consiguen esas cosas a un precio demasiado caro.

Cuando revisemos más adelante algunas estrategias que nuestro propio cerebro nos puede proporcionar nos daremos cuenta que podemos poner en cintura a nuestro corazón y conseguir un estado SUPERIOR tanto para nuestra persona como para las organizaciones o empresas que dirigimos.

5.- *Nuestro quinto cerebro*

¿Ha escuchado alguna vez la expresión? "¡los niños de ahora son más inteligentes que los niños de antes!". En mi caso la he escuchado con frecuencia y hasta ponen ejemplos; "Es que los niños de hoy ya nacen sabiendo utilizar el móvil, las computadoras, el internet, la tecnología, traen otro chip. ¿Qué tan cierta será esa afirmación? Pensemos ¿Qué pasaría si a un bebé de un país avanzado, recién nacido lo llevan a vivir en medio de una selva sin poder convivir con otras personas, aislado de tecnología o avances científicos? ¿En cuánto tiempo se dará cuenta que tiene capacidad de hablar, dibujar, amar, crear o desarrollar? Probablemente pueda pasar su vida entera y no se dé cuenta que tenía esa posibilidad.

Si bien es cierto que tenemos un cerebro realmente muy complejo y cada vez más avanzado, no sería posible el desarrollo del mismo si no justificamos y analizamos la existencia de un quinto cerebro. *El cerebro colectivo.*

La fuerza de nuestros lazos.

Sin este cerebro colectivo que es la fuerza de nuestros lazos, y no sería posible comprender historias tan sorprendentes como la de Steve Jobs quien nació un 24 de febrero de 1955 y murió un 5 de octubre de 2011. Sus padres biológicos fueron Joanne Carole Schieble y Abdulfattah Jandali (de origen sirio), quienes lo dieron en adopción después de su nacimiento a una familia de clase media-baja residente en la bahía de San Francisco.

Al parecer decidieron la adopción por ser dos jóvenes estudiantes universitarios que no estaban casados, algo que no se veía bien en la sociedad puritana de su época (aunque más tarde llegaron a estar casados durante unos años dando a luz a Mona Simpson, hermana biológica de Steve).

El matrimonio que acogió a Steve fueron Paul y Clara Jobs. Paul trabajaba como maquinista, aunque su hobbie consistía en reparar coches, como más tarde dijo Steve, a su padre adoptivo le encantaba hacer cosas con las manos y es algo que el joven copió en las primeras etapas de su vida.

En un principio la madre biológica Joanne fue reticente a esta adopción, finalmente consintió bajo la promesa de la nueva pareja de que darían estudios superiores a su hijo, el desenlace de esta historia es por todos conocida.

Hace unos cuantos días pude presenciar un hermoso ejemplo de este maravilloso cerebro y lo pude observar en una fiesta en la que llegó un conocido mío. Me enteré que desde hace unos tres años padecía de Alzhaimer. Me costó mucho trabajo reconocerlo ya que a sus 48 años parecía un hombre de edad muy avanzada, delgado y con la mirada perdida hacia arriba, pero acompañado de su esposa e hijas fue llevado a esa fiesta, no sé si me reconoció pero me acerque a saludarle.

Estuve observando como su esposa con paciencia y cariño le daba de comer y le limpiaba su cara, mientras yo reflexionaba lo maravilloso que es, el hecho de saber que cuando una persona no puede hacerse cargo de sí misma, hay conexiones chingonas, fuera de nosotros mismos que no nos dejan caer. Son unas ligas muy gruesas.

Podríamos evidenciar mediante muchas historias la necesaria existencia de este quinto cerebro como el único que nos da la capacidad de ser viables, sumar y multiplicar de forma exponencial lo que somos o lo que hacemos, mediante lazos tan fuertes que nos ayudan a salir adelante en momentos complicados. Este cerebro gestiona, negocia, comprende, ayuda todos los días, crea una red de sustentabilidad y empatía.

Esta inteligencia se la debemos principalmente a nuestras neuronas espejo descubiertas en 1996 por Giacomo Rizzolati quien trabajaba con Giuseppe Pellegrino, Luciano Fadiga y Vittorio Gallese en la Universidad de Parma en Italia. Hablaremos un capítulo completo de estas neuronas así que por ahora solo las menciono como referencia.

Debemos tomar en cuenta que nadie de nosotros parte de cero para su propio desarrollo, que desde el vientre de nuestra madre estamos recibiendo información y que nuestras conexiones cerebrales no se realizan solo por procesos internos, sino por estímulos externos que recibimos de las personas o agentes ajenos a nosotros. Por alguna razón desde que nacemos caemos en una red neurosocial que nos estimula e influye en los que somos y seremos por el resto de la vida, aunque no nos determine de forma fatal.

Así como las neuronas al responder a los estímulos realizan conexiones (sinapsis) unas con otras y llegar en muchas ocasiones a convertirse en autopistas robustas de intercambio de información lo que se entiende como talentos, destrezas o canales preferentes. Esa misma lógica se replica hacia afuera de nosotros y construimos un conectoma de imitaciones y relaciones, un andamiaje de vínculos que nos dan identidad y nos permiten ser lo que somos.

¿Cuál fue la razón principal por la cual Hiltler justificó y causó la muerte de millones de personas? *"que eran Judíos"* es decir el cerebro colectivo de ese grupo étnico tenía esa identidad y ante Hitler ese fue su gran pecado. Hitler pensaba que cualquier persona por ser judío era una amenaza para su país y el mundo, así que había que acabarlos

Podemos hablar de la identidad del pueblo japonés, que son disciplinados, resurgieron de una gran derrota y son muy trabajadores, de los argentinos que tienen una autoestima más elevada que Dios mismo. De los estadounidenses que todo mundo quiere perseguir su sueño o de los mexicanos que nos pintamos solos para el ingenio y la creatividad.

Cuando le preguntaron a Chabela Vargas. "Ey, ¿por qué dice usted que es mexicana si nació en Costa Rica?" ella como toda buena mexicana contesto "porque los mexicanos nacemos donde nos da nuestra chingada gana".

Eso que llevamos en la sangre y que hemos recibido como herencia de ser un pueblo, una familia o un gremio *es un cerebro colectivo,* una red neurosocial que nos da identidad y viabilidad todos los días.

Negar la existencia de un quinto cerebro es tan absurdo como pensar que somos viables por nuestras solas fuerzas y capacidades. Que ya porque tenemos un cerebro excepcional el mundo debe rendirnos pleitesía. Nadie de nosotros podemos explosionar nuestro potencial asilados de los demás.

A Jesús de Nazaret se le comprende por su legado a través de los apóstoles y la iglesia que fundó. A Martin Luther King por las sumas que logró para erradicar la discriminación de los negros. Mark Zackerberg por una red social que suma ya más de dos mil millones de personas y el internet porque ha explosionado nuestra inteligencia colectiva.

En el mundo de las organizaciones cuando no entendemos este cerebro, no estamos gestionando el máximo potencial de las mismas, entender este cerebro es entender que las instituciones y empresas tienen memoria e inteligencia colectiva y que aunque pocas veces se gestiona a todos los niveles es y será siempre el ingrediente principal para construir organizaciones de alto desempeño con propósitos comunes y gente feliz, donde el aporte de todos es indispensable.

5 memorias

Entender que tenemos 5 cerebros o inteligencias es apenas el principio para comprender nuestra Mega Maquinaria Mágica. En un capítulo anterior le invite a traer a su mente algo que usted estuviera seguro de que jamás olvidaría en toda su vida, le compartí una anécdota personal que viví con mi hijo David y al final mencioné que ese tipo de acontecimientos los guardamos en nuestra memoria porque los vivimos con varios de nuestros cerebros al mismo tiempo.

Aunque resulta complejo comprender como es que se desarrolla la capacidad de almacenar cosas de por vida y meterlas en nuestra memoria para luego evocarlas o replicarlas, quiero presentarle un importante estudio que a partir del año 2012 está cambiando la forma de entender a los seres humanos.

- **Comprendiendo el conectoma.**

El neurocientífico Sebastian Seung nacido en Corea y nacionalizado estadounidense, profesor de neurociencia en la Universidad de Princeton afirma en su libro *Connectome*

publicado en el año 2012, que cada uno de nosotros es lo que su conectoma es. El conectoma humano es ese cableado personal o mapa de conexiones neuronales que cada uno de nosotros a lo largo de su vida va construyendo y modificando.

Recomiendo ampliamente la lectura de su estudio acerca del conectoma pues junto con su equipo de trabajo fueron capaces de escudriñar durante 12 años la gran cantidad de conexiones neuronales que se desarrollan en uno de los animales de composición más simple el *Caenohabditis Elegans* con apenas 302 neuronas en todo su sistema nervioso es capaz de desarrollar un numero tal de conexiones que les llevó 12 años comprender. El mismo Seung afirma que intentar descifrar el conectoma de un ser humano con la tecnología disponible nos llevaría más de un millón de años.

Sin memoria no hay inteligencia.

Cito este estudio para que podamos dimensionar y nos demos cuenta de la importancia que tiene en nuestro cerebro nuestra capacidad de recordar, eso que le llamamos memoria que no es otra cosa más que el andamiaje de conexiones que hemos sido capaces de consolidar durante nuestra vida pues fuera de esas conexiones solo hay espacios vacíos y eso se llama Conectoma.

Seung hace un comparativo interesante poniendo como ejemplo la forma en la que se va construyendo el cauce de un río, al principio de las lluvias o del paso del agua, se van creando arroyos, pero a medida que la cantidad de agua va creciendo el cauce del arroyo aumenta a tal grado que puede convertirse en un río con un caudal abundante. Si por alguna razón dejara de llover y de circular agua el caudal de ese río permanece dejando ahí la evidencia de que un día hubo río. ¿Qué cree usted que pasaría si un día vuelve a llover y circular agua? La respuesta es evidente tomaría el canal que alguna vez existió.

El poder recordar entonces, es una capacidad atribuible a esta red de conexiones que se guardan mediante esos caudales o conectomas que les llamamos memoria, sin esa capacidad no podríamos tener inteligencia, pero resulta que tenemos al menos 5 memorias y aunque intentaré ser breve para explicar esto, diré para comenzar que *solo sabemos lo que somos capaces de recordar* ya sea de forma conciente o inconsciente y que solo somos capaces de procesar en nuestra inteligencia aquella información que tenemos disponible para tomar decisiones.

- **¿Qué guardan nuestras memorias?**

Cada uno de nuestros cerebros tiene capacidad inimaginable de almacenar información y esta se amplia de acuerdo a nuestras neuronas de las cuales podemos llegar a tener más de cien mil millones y sus conexiones podrían llegar a tener hasta quince mil por cada una de ellas.

Esa capacidad se la debemos a la diversidad de este tipo de células pues se adaptan y se especializan según sus funciones para que todos los procesos mentales y fisiológicos se puedan desarrollar en tiempo real a una velocidad vertiginosa y sin contratiempos.

Nuestra memoria guarda con mayor facilidad aquello que capta nuestra atención o considera relevante, desechando aquello que es rutinario o poco atractivo. Por ejemplo; es más normal preguntarnos ¿Cuál es la cumbre más alta del mundo? a preguntarnos ¿cuál es la más pequeña? Recordar un acontecimiento como el ocurrido el 11 de septiembre de 2001 en las Torres Gemelas, a diferencia de recordar que cenamos ese mismo día, aun así nuestra memoria asocia los acontecimientos ocurridos y varias cosas que hicimos ese día somos capaces de recordarlas a diferencia de que hicimos el día anterior o el día siguiente.

La maquinaria opera a la perfección justamente porque cuando uno experimenta algo relevante, el recuerdo inicial es inestable, hasta que se fija por la síntesis de proteínas que estabilizan las conexiones sinápticas entre neuronas. La próxima vez que el estímulo recorra esas vías cerebrales, la estabilización de las conexiones permitirá que la memoria se active.

Tanto las neuronas como las partes del cerebro involucradas realizan muy bien las funciones a las que se someten. Evocar esos recuerdos trae de nuevo esas descargas eléctricas porque el cerebro no distingue lo que es actual o pasado, formando y fortaleciendo conexiones o generando otras nuevas, lo que ahora se conoce como plasticidad cerebral y más adelante veremos a detalle.

Cuando surgió la programación neurolingüística aprendimos que debíamos tener cuidado con lo que le metemos a nuestro cerebro o al de los demás, porque es mediante esos estímulos que lo estamos programando de forma irreversible o inadecuada para funcionar en favor o contra de nosotros. Se descubrió que existen algunas formas de anclaje cerebral a las que sin darnos cuenta estamos sometidos ya sea para funcionar de forma inconsciente o lograr mejores resultados.

Entendimos que la mayor parte del tiempo deambulamos por la vida con el piloto automático es decir, gobernados por el subconsciente sin elegir los estímulos externos que queremos agregar a nuestro cerebro.

Nos decían que el cerebro, es literal, no tiene sentido del humor, no analiza y cuando metemos algo a él, entra tal cual lo metimos. Esto nos trajo muchas modas tales como "si decretas algo en tu vida el mundo entero conspirará para que lo logres". O "ten cuidado con lo que realmente quieres porque tarde o temprano lo vas a lograr". A estas expresiones Odin Dupeiron las Bautizó como el "Exceso de Pensamiento Mágico Pendejo".

Otros más atrevidos o desinformados intentaron convencernos que debemos reprogramarnos porque culpa de la religión o de nuestros padres tenemos mentalidad mediocre o que somos conformistas por ese tipo de influencias. Nos vendieron esas y otras ideas como nuevas teorías para darle sentido a nuestra vida.

Para muchas personas se volvió un hábito asistir o comprar cursos y libros de **masaje emocional** donde los oradores que mejor coloreaban su discurso y hacían a la gente arder en euforia al final de su charla, eran los más exitosos, charlatanes apasionados con auditorios llenos alimentando vacíos existenciales y bajas autoestimas de gente que ni siquiera comprendía porque funciona como funciona, ni porque le entusiasma lo que le entusiasma, pero eso sí, al salir de la conferencia o a los tres días su "llamarada de petate había pasado a mejor vida" y en su memoria solo ha quedado el recuerdo del gasto realizado.

No es de sorprender que eso mismo ocurriera en el mundo de las empresas, pues por alguna razón adoptaron esquemas similares de capacitación o formación para implementarlas con sus colaboradores y así vimos desfilar tantas nuevas olas y conceptos como escritores o conferencistas de moda, en fin adoptamos todo eso porque era lo que existía.

Y no es que esté en contra de estas formas eufóricas de enseñanza y aprendizaje, solo que mi responsabilidad e intención es resaltar que en el desarrollo individual, grupal y organizacional debemos poner especial cuidado en cómo es que realmente aprendemos y memorizamos para lograr que estos procesos sean reales, efectivos y actuales para mejorar nuestra versión como personas o equipos y simplificar de forma notoria nuestra capacidad de lograr resultados, encontrar nuevos caminos para que seamos personas y organizaciones más inteligentes y que aprenden.

Revisemos entonces cuales son las particularidades de cada una de las memorias que poseemos y que aporte nos otorga cada una de ellas para ese desempeño superior que podemos lograr.

- **Cada una de nuestras memorias**

Memoria intelectual.

Como ya mencionamos con anterioridad, si las 24 horas del día estuviéramos guardando información en nuestro cerebro nos llevaría unos 1,500 años agotar su capacidad, esta capacidad se le llama memoria y se calcula en unos 2.5 petabytes. Para hacerse una idea, una capacidad de almacenamiento así es similar a la de 3 millones de horas de vídeo, o unos 300 años de reproducción continua. Sin embargo nadie puede estimar con certeza su capacidad porque es además expandible.

Adquirir, retener y recordar información en nuestro cerebro es una de las funciones más complejas de nuestras neuronas y en la que están involucradas principalmente dos áreas importantes como el hipocampo y la corteza pre frontal.

En esta inteligencia existen; la memoria a corto plazo y la memoria a largo plazo, por ejemplo cuando un estudiante debe dedicar varias horas de estudio para pasar un examen y sin embargo al poco tiempo recuerda muy poco de lo que estudio porque su cerebro ya no lo considera útil y solo fue capaz de activar su memoria a corto plazo.

La memoria a largo plazo es lo que podemos llamar nuestro archivo personal ya que conserva los recuerdos más significativos de nuestra vida.

Hay una memoria implícita o inconsciente que nos hace funcionar a manera de piloto automático y se vuelve parte de la vida cotidiana ya que nos ayuda con las tareas rutinarias como conducir, caminar o hablar. Por eso afirma el doctor James Hardt que la mayoría de las veces "la forma más inteligente de pensar es no pensar". Cuando presionamos a nuestro cerebro para que piense o traiga recuerdos, no lo dejamos fluir y nos es más complicado pensar con claridad.

Aunque es imposible recordar todo y muchas de esas cosas las podemos olvidar también es cierto que nuestra capacidad de aprender y recordar puede ser ejercitada y activada todo el tiempo sin importar la edad.

Esta capacidad de memorizar no es exclusiva de los seres humanos, es también una capacidad que tienen los animales, por ejemplo; los delfines que son capaces de recordar por más de 20 años el silbido de un ejemplar con el que hayan convivido, las palomas pueden regresar con una orientación exacta a su lugar de origen no importando el destino o la distancia donde usted las haya dejado y los elefantes son capaces de recordar a los miembros de su manada a partir de los rastros de orina, determinando así hasta la identidad y ubicación geográfica.

Es evidente entonces que podemos facilitar el aprendizaje y aprovechar al máximo nuestra capacidad de memorizar, pensemos en algo; ¿Por qué se dice que los bebes tienen mayor capacidad de retención que los adultos? la respuesta puede ser muy simple, los bebes no tienen caminos andados, tienen millones de espacios que llenar y por lo tanto su capacidad a aprender y retener aún no está contaminada o tan enredada como la de un adulto.

Una razón del porque seguimos aprendiendo y reteniendo a lo largo de la vida es que las conexiones cerebrales nunca se detienen, de hecho tienen vida propia pero también fecha de caducidad es decir si nuestro cerebro percibe algo que considera relevante lo guarda en la memoria y si no es así, lo descarta.

Pensemos en las conexiones como si fueran parte de un músculo que en la medida que se ejercitan de forma recurrente llegan a fortalecerse y convertirse en una destreza o **musculo cerebral** por eso se dice que para desarrollar una habilidad con cierta maestría se deben destinar al menos 10,000 horas.

Se hace camino al andar.

Cuando era pequeño aprendí a hacer caminos al andar, pues en vacaciones escolares de verano solíamos ir a nadar a un río algunos amigos y yo. Recuerdo que las primeras ocasiones que íbamos e a ese lugar, no existía un camino por el cual llegar por qué todo estaba cubierto de maleza y en la mayoría de las ocasiones de un tamaño mayor a nuestra infantil estatura. Mientras más días acudíamos al río y mientras más personas transitaban por ahí, prácticamente no había que preguntar a nadie por donde se llegaba al río porque el camino estaba marcado.

Aunque es un ejemplo simple, es un proceso similar al que el cerebro utiliza para fabricar sus propias carreteras para acceder de forma rápida a la información que requerimos. Imagine usted por un momento que cada vez que tuviéramos que ir al río trazáramos una ruta diferente, ese camino no se habría consolidado como la ***ruta oficial al río***.

Podríamos también utilizar otro ejemplo y ver a nuestro sistema de aprendizaje como un bosque que se va haciendo conforme cada árbol crece y amplía sus ramas, así como ningún árbol del bosque es igual a otro ni tiene el mismo número de ramas, así mismo son las ramificaciones que vamos creando con las conexiones neuronales.

Una más de las características del cerebro es que al ser el órgano de nuestro cuerpo que consume mayor energía, tiende a ser eficiente y optimizar al máximo los recursos que utiliza y por lo mismo no le interesa grabarse todo lo que procesa, y es que lograr conexiones sólidas y traer cada recuerdo consume mucha energía por esa misma razón prefiere viajar con el piloto automático o lo que conocemos como cerebro inconsciente.

La memoria cognitiva o intelectual como ya pudimos ver goza de mayores privilegios en nuestros sistemas educativos y de formación, se evalúa de acuerdo a los datos que somos capaces de retener en esa memoria. Nuestras calificaciones son el vivo reflejo de que logramos recordar todo lo que el maestro nos enseñó acerca de la física, geografía, matemáticas o leyes.

Esta memoria se amplía por medio de la repetición, el estudio, la comparación, el entrenamiento y la concentración. Aunque existen estrategias para enfocar la atención y mnemotécnicas para simplificar lo que debemos recordar. Todo ello requiere como ingrediente la disciplina y la dedicación. Quienes logran destacar en este tipo de memoria los conocemos como los *"cerebritos"*, todo saben y todo recuerdan. Sin embargo a lo largo de 20 años que he aplicado a miles de personas algunos test para explorar sus capacidades y talentos me doy cuenta que quienes destacan por ser estudiosos, analíticos o intelectuales, que son excelentes para recordar y comprender números datos o fechas, normalmente tienen poco desarrolladas otras capacidades como la creatividad, la iniciativa, la imaginación o la empatía y terminan encasillados en la categoría de "mentes cuadradas". Que son capaces de procesar aquello que vieron en los libros, algunos de ellos solitarios o poco capaces de establecer vínculos, de imaginar y ser creativos porque se les complica enormemente comprender eso.

Como es lógico, en la vida y las organizaciones se requieren personas con todo tipo de capacidades, creer que basta pararse frente a los alumnos o público y explicar o intentar transmitir conocimientos de forma verbal o visual explicando una clase y dejando un montón de tareas y lo que es peor, evaluar al final a todos de la misma manera como si el objetivo fuera crear personas **talla única** es un error.

Requerimos entonces modelos de formación que nos permitan desarrollar personas (Per Se One, *por si uno*) y equipos de una forma integral, simple y más eficaz. Es por ello que más adelante abundaremos en diferentes estrategias de neuroaprendizaje.

Podríamos seguir hablando de las enormes cualidades de nuestra memoria intelectual, yo le invito a investigar por su cuenta y sorprenderse de cómo es que nuestros diversos tipos de neuronas interactúan para hacer de nuestro cerebro la máquina más maravillosa que existe.

Memoria emocional.

En el año 2008 invite a una escritora llamada Marina Buzalli a impartir una conferencia en la ciudad de Guadalajara Jalisco. Además de ser una excelente conferencista recomiendo ampliamente sus libros. En ese evento recuerdo que ella lanzó una pregunta que se me grabó por mucho tiempo y decía ¿el pájaro canta porque es feliz o es feliz porque canta?

Esto me llevo a explorar una posible respuesta y hacerme nuevas preguntas tales como; ¿Son nuestras emociones las que determinan nuestro estado de ánimo o somos nosotros los que determinamos con nuestra actitud como queremos sentirnos ante los diversos estímulos? Dicho en otras palabras, ¿Son las emociones una respuesta ante los estímulos que recibimos o son los estímulos externos un reflejo de nuestro estado emocional interno?

A un buen amigo psicólogo llamado Martín Romero con frecuencia le he escuchado una frase que dice "No vemos las cosas de acuerdo a como son, vemos las cosas de acuerdo a como somos".

Intentar entender cómo influye en nuestra vida el historial emocional de lo que hemos transitado nos lleva necesariamente a comprender como es que funciona nuestra memoria emocional. Existen personas que destacan por ser siempre carismáticas, positivas, buenas para las relaciones públicas, conquistan con facilidad nuevas amistades y también personas que se atoran con facilidad y son todo lo contrario, reservadas, serias, afirmativas o hasta agresivas y parecería que por más que pasen los años no vamos a ver cambios es su status emocional.

¿Se pueden educar las emociones? ¿Contamos con archiveros para almacenar aprendizaje emocional y con ayuda de ellos salir renovados gracias a esa memoria? ¿Será acaso que *el cerebro intelectual no entiende de emociones ni el emocional entiende de números, datos o cifras?* O ¿será simplemente que el neuro tejido o conectoma de cada uno es diferente?

Me atrevo a decir que así como existe un *conectoma intelectual* del que ya hablamos ampliamente. Contamos también con un *conectoma emocional* que obviamente es un mapa o autopista muy diferente de recorrer y algunas veces hasta es de cuota, porque ese tipo de conectoma si causa ansiedad, tristeza, dolores o cicatrices, pero también tiene premios y beneficios. A diferencia del cerebro anterior que es capaz de hablar, opinar o negociar, pero es incapaz de sentir, alegrarse o reprimirse. Porque como ya dijimos cada uno de ellos se comprende en paquete separado

Una diferencia sustantiva entre las dos memorias o conectomas es que el intelecto para recordar procesa **archivos de datos** mientras que la memoria emocional procesa archivos de **historias, emociones y sensaciones.** Cuando el intelecto desea acceder a los datos recurre a los cajones o rutas trazadas de corto o largo plazo, los busca, los encuentra y los utiliza. Pero cuando la memoria emocional o sensorial se activa busca atraer olores, imágenes, sensaciones, sonidos, historias o sabores guardados en otro tipo de archiveros.

Hay personas que pueden tener bloqueada su memoria emocional por situaciones, experiencia o acontecimientos que no han logrado perdonar o superar y por más brillantes que sean pueden estar atrapados en un manojo de emociones que no consiguen desenredar, esas situaciones pueden volvernos ciegos, necios, irritables o inestables.

El primero de los requisitos básicos para enriquecer nuestra mem-oria emocional es contar con una autoestima nivelada de lo contrario esto nos puede paralizar de muchas maneras. De hecho una autoestima saludable tiene mejor disposición a buscar relaciones, conexiones y experiencias positivas.

Afirma el doctor Walter Dresel en su libro llamado *"toma un café contigo mismo",* que una buena autoestima atrae a sus pares, de mismo modo que una autoestima deficiente orienta siempre a relaciones o experiencias destinadas a culminar en fracaso.

¿Para que sirve en las organizaciones el hecho de comprender como funciona la memoria emocional?

Un impacto positivo en las emociones puede tener impacto organizacional positivo de la misma manera que uno negativo puede convertirse en un pésimo clima organizacional. Como "médico de empresas y organizaciones", a lo largo de mi carrera me doy cuenta como muchas de ellas padecen enfermedades graves. Con personas llenas de resentimientos, equipos que no colaboran o que no dan lo mejor de ellos mismos, empresas que cada día abren nuevas sucursales o plantas, pero con miles de empleados insatisfechos o poco comprometidos.

Otras pueden no tener ese tipo de conflictos pero si un status quo provocado por un ambiente de conformismo o desinterés para enfrentar nuevos retos. En el momento en el que bajamos los brazos y dejamos de luchar por nuevos propósitos es cuando podemos decir que nuestras empresas por sus emociones conta-minadas han perdido la batalla.

Cuando hay liderazgos vivos, comunicación eficaz y asertiva, un adecuado clima organizacional, satisfacción laboral, incentivos y compromiso. Las empresas tienen la energía para enfrentar cualquier desafío.

Más adelante comprenderemos como es que una organización o empresa promedio tiene la plasticidad necesaria para con-vertirse en una empresa u organización **ALFA**. Es decir con su capacidad elevada, altamente productiva pero además con gen-te feliz. Daremos además varias recomendaciones de cómo es que se puede activar y capitalizar de forma proactiva cada una de estas memorias.

Mientras tanto dejemos por ahora la memoria emocional y para intentar comprender la importancia de nuestra memoria reptiliana.

Memoria reptiliana o sensorial.

Adelanto que es una de las memorias que más me ha fascinado conocer y comprender sin que esto quiera decir que soy el experto más calificado en el tema o el que más conoce a fondo esta memoria reptiliana de forma científica, de hecho se puede decir que ni los neurocientíficos más avanzados han llegado a com-prender toda la complejidad de cómo funcionan nuestros cerebros y cada uno de sus conectomas.

Pero esta memoria en particular es especial porque a ella le debemos principalmente nuestro status en la vida ya sea de éxito o de fracaso.

El dolor humano y el espíritu de sobrevivencia han sido fuente de numerosos avances tecnológicos, solo basta con imaginar cuantas personas a lo largo de la historia tuvieron que morir de enfer-medades que al día de hoy con una simple vacuna se previenen. Pensemos además en el dolor causado por las diversas guerras que han quedado en la memoria de pueblos enteros y los han marcado por generaciones tales como el pueblo japonés después de las bombas atómicas lanzadas sobre las ciudades de Hiroshima y Nagasaki entre el 6 y 9 de agosto del año 1945.

A nuestra memoria reptiliana o de la sobrevivencia, le debemos el favor de sacarnos de las cavernas y volvernos capaces de sumarnos con otros para vencer a un elefante o león. Nos ayudó a inventar armas, perder el miedo al fuego, a las tormentas y rayos, pasar de ser nómadas a ser sedentarios. Con tal de enfrentar nuestro miedo y dolor hemos sido capaces de crear avances que eliminen las brechas de desventaja que hemos tenido al enfrentar aquello que en un principio nos hacía sentir vulnerables.

Mucho del desarrollo científico y tecnológico incluida la aviación o la aventura de llevar y traer de regreso a un ser humano a la luna o explorar vida en otros planetas reflejan nuestra necesidad y preocupación por ser viables ante cualquier amenaza.

Esa memoria reptil que siempre nos pone frente a dos gigantes desconocidos que son el futuro incierto y el entorno cambiante intenta protegernos porque no le gusta la incertidumbre ni sentirse vulnerable ante las cosas que pueden poner en peligro su existencia o que desconoce.

Gracias a ese reptil nos darnos cuenta todos los días que estamos expuestos a cosas que nos superan y nos causan miedo o incertidumbre. Pero hemos sido capaces de volver nuestra vida más fácil, por ejemplo; guardar la carne en un refrigerador que inventamos, en lugar de salir todos los días de cacería, tener granjas, buscar nuevas formas de transporte, explorar la posibilidad de vida en otros planetas y miles de ejemplos más.

En resumen nuestra memoria reptil esa que se activa como de rayo, nos pone alerta para protegernos y fuente de tantos avances. Es también la causante de que la mayoría de nosotros nos mantengamos paralizados en la zona de confort. Si no sabemos cómo es que funciona puede llevarnos en la vida personal o de nuestras empresas al estancamiento.

El que se quema con leche hasta al jocoque le sopla

Todos los seres humanos en algún momento de nuestra vida hemos tenido descalabros o experiencias que nos causaron dolor, nos asustaron o nos hicieron sentir frágiles y vulnerables. Esas experiencias se registraron en nuestra memoria reptil que corre por todo el sistema nervioso hasta el último rincón y se activa de forma inconsciente cuando percibimos peligro.

El problema aquí, es que esa situación tanto a nivel personal como en las organizaciones se refleja cuando preferimos todo el tiempo estar en lugares seguros y conocidos.

Tenemos tanto miedo a lo desconocido y a brincar la muralla que preferimos quedarnos en un mismo sitio en lugar de correr riesgos. Vamos a la segura y esto no es exclusivo de los empleados de nivel operativo en una empresa.

Hay grandes directivos e incluso empresarios que solo dan pasos hacia adelante cuando ven que no hay riesgos que correr. Puedo concluir que la caída de los grandes emporios como Olivetti o Blockbuster fue precisamente por mantenerse en su zona de seguridad.

Fue también a Marina Buzalli que le escuche decir esta frase que me hace mucho sentido *"La libertad y la seguridad, desde el principio de los tiempos se pelearon y como es de suponer, jamás podrán estar juntas"*.

A lo largo de mi carrera como consultor escucho personas que se quejan del trabajo que tienen o de los jefes que hay en su empresa. Que no les permiten intentar ideas nuevas o salir de vacaciones cuando ellos las necesitan. Pero luego analizo y pienso que están pagando el precio de comprar su dinero a un costo demasiado caro, que aunque se quejen de su trabajo ellos eligen estar ahí.

Atrapados por el reptil.

Cuantas personas hemos sido atrapados por el reptil a tal grado que ahora él es quien conduce nuestra vida personal, familiar o empresarial. Nos aferramos a la pirámide de Maslow con todas nuestras fuerzas para no soltar los primeros dos peldaños. El primero que tiene que ver con cubrir nuestras necesidades de alimento, casa, vestido y sustento etc. Y el segundo que tiene que ver con asegurar la chuleta para el día de mañana.

Es triste además ver como aún muchas de las empresas en nuestros países latinoamericanos remuneran tan mal a sus empleados que la mayoría de ellos durante toda su vida no lograr brincar dignamente al tercer escalón.

Esclavitud reptiliana.

Muchos de nuestros países han caído a un nivel tan bajo de esclavitud reptiliana que ahora se abusa de las necesidades de la gente a través de la política y pareciera que ese reptil ya se volvió Godzilla. Pues ahora es hasta moneda política convencer a la gente de votar por tal o cual candidato porque ese sí los va a sacar adelante y lo que es peor aún, que la gente lo cree.

Urge encontrar esquemas para aprender a liberarnos y declarar nuestra independencia de ese reptil abusivo que de forma cruel nos mantiene a su merced; en nuestro peor **conectoma social** estáncados, conformistas, pobres y culpando a los demás de nuestra precaria condición.

Me atrevo a decir que el problema más grande que tienen los países gobernados por un dictador es que su yugo más grande es el *reptil colectivo* que como sociedad dejaron salir de control y que ahora los gobierna, los controla a conveniencia, domesticando de forma dosificada la conciencia de su pueblo para mantenerse en el poder.

Se le atribuye a Álvaro Obregón un presidente que gobernó México entre 1920 y 1924 el término "hueso" para llamarle a un cargo público. Y aunque es una frase que no me costa que sea de él, decía cuando tenía personas que lo atacaban o estaban en contra de su sistema de gobierno. "perro con hueso no muerde" así que llamaba a sus detractores y les ofrecía un cargo público. Era su forma de domesticar a los líderes y mantener bajo control ese el reptil social y evidentemente una forma de hacer política que sigue prevaleciendo. ¡Vaya si estamos atrasados!

Vemos también el impacto e importancia que esta memoria tiene en el ámbito de las empresas y organizaciones con un gran potencial y podrían de forma escalable aspirar a crecer e incluso ser de talla mundial pues han desarrollado productos y servicios con enormes ventajas frente a lo que hacen otros, pero estancadas en su zona de confort o en la zona de pánico. Pues para muchas de ellas su negocio principal es quedarse con la ganancia legítima de los empleados, pagando sueldos miserables.

Abundaremos más adelante sobre este tema podemos anticipar que cualquier empresa que quiera desarrollarse y crecer debe entender que nuestro reptil o el de nuestros colaboradores buscará interponerse. Si como gerentes no sabemos manejar adecuadamente esta situación nos va a suceder lo mismo que al personaje que compró un circo, cuando quiso echarlo a andar, le crecieron los enanos.

Cuarta memoria (Memoria del neurocardio o simbólica).

A diferencia de la memoria reptiliana o de la sobrevivencia que busca protegernos y hacernos recursivos para enfrentar la vida. En esta cuarta memoria guardamos las cosas que realmente nos importan en la vida, las que tienen significado y nos mueven a intentar proyectos grandes e importantes, pues es la memoria del corazón y basta un simple recuerdo para activarla hasta el fondo.

Y aunque ya pudimos ver que es la que menos conexiones tiene, apenas unas 60,000 ramificaciones de este órgano directo al sistema nervioso central, es también la que puede tener las conexiones más fuertes, consolidadas y duraderas porque sus descargas eléctricas son más potentes, una vez que metemos algo a esta memoria simbólica casi podemos estar seguros que se guardó en un archivero de largo plazo.

Los impulsos eléctricos que un ejército de neurotransmisores lleva y trae a nuestras células para generar las sinapsis que luego terminan exitosamente en el diseño interminable de nuestro conectoma definen indudablemente cada día nuestra versión renovada.

Estos impulsos son generados por procesos químicos, es decir por sustancias que nuestro propio organismo produce y eso se llama ***autopoiesis*** un término que más adelante revisaremos. El asunto principal aquí es que los impulsos eléctricos del neurocardio y su peculiar memoria son lo que más define nuestra personalidad y forja nuestro destino.

Una imagen dice más que mil palabras

Al Afirmar que el neurocardio es el órgano que posee los impulsos eléctricos más potentes y puede ocupar más memoria para su almacenamiento, podemos proponer un comparativo entre el cerebro y una computadora. Podremos observar la cantidad de KB´s (Kilobytes) o MB´s (megabytes) que requiere nuestro ordenador para procesar por ejemplo una página completa de texto, observamos que son apenas unos cuantos KB´S, Mientras que una imagen normalmente ocupa al menos un Megabyte. Y si vamos más a fondo un pequeño fragmento de video llega a requerir varios Megabytes o hasta Gigabytes de espacio en nuestro disco duro.

Ahora bien, si intentamos imaginar una situación complicada en la que esté en juego lo que más amamos. Pongo como ejemplo la película que protagoniza Naomi Watts en el año 2012 llamada "Lo imposible" donde se muestra de forma cruda lo que vivieron aquellas personas que arraso el tsunami. Vemos la fortaleza que se puede llegar a tener para soportar todo lo soportable con tal de recuperar a sus seres queridos o tan siquiera para volverlos a ver.

Cuando experimentamos situaciones así de intensas, provocan enormes descargas en nuestro corazón pero también en nuestros otros cerebros ocupando varios Gigabytes, casi por el resto de nuestra vida.

Aunque esta actividad eléctrica del corazón está asociada inicialmente a su propia función de ser una bomba para el torrente sanguíneo. Es quizá una de las razones por las que este cuarto cerebro puede requerir mayor capacidad de almacenamiento y ser más consolidado que el de las demás memorias que solo usan lo que les sirve y lo que no, lo desechan, el corazón es más intenso podríamos decir que es un vehículo más potente pero por lo mismo requiere de mayor consumo de energía.

Si en esto que acabo de afirmar el tiempo y la investigación me dan la razón, entonces es explicable porque en la educación y la formación de personas, hemos estado invirtiendo mal nuestro tiempo y recursos privilegiando solo algunos tipos de inteligencia muy superficiales o temporales.

Ya de por sí, hemos pasado desapercibidas las demás memorias en los procesos de desarrollo de las personas y las organizaciones. Cuanto más habremos dejado de lado la importancia de este cuarto conectoma o memoria simbólica en nuestros planes educativos o de formación humana y empresarial.

Casi me atrevo asegurar que al día de hoy no existe algún profesional considerado cuerdo que vaya por las instituciones empresas y organizaciones intentando convencerlas de que apuesten por el neurocardio como un aliado para la formación. Tal vez yo sea el primero y luego le contaré que tal me fue.

Cuando podamos comprobar y entender que las empresas que logran despuntar en el mundo tienen muy en alto la pasión, el sentido de propósito y que su personal tenga metas. Entenderemos también que las cosas que realmente nos importan y le dan sentido a nuestra vida, son el mayor motivador y el más duradero. Pero en la mayoría de los casos estas cosas no están dentro de la empresa, de hecho la empresa es un espacio que puede o no contribuir a los verdaderos propósitos de nuestro personal.

Esta pregunta que voy a plantear a continuación se la he hecho al menos a unas diez mil personas en los diversos programas de formación que he impartido y en diferentes países.

¿Escriba por favor las tres cosas que a usted más le importan en la vida? Si usted desea también puede contestarla.

Es sorprendente pero en todos los grupos que la he realizado, la mayoría de la gente contesta. MI FAMILIA, MIS HIJOS, Entre las más importantes. Y si son personas solteras dirán que sus amigos o relaciones o proyectos.

Lo relevante de esto es que la gente ya tiene en su corazón cosas que le importan, así que usted no debe malgastar su dinero intentando motivarlas.

Se va a reír de lo que le voy a contar pero he conocido instituciones que contratan gente para realizar sesiones de grupo donde los colaboradores deben tatuarse la misión y visión de su empresa, y les hacen repetirla cada vez más fuerte y con más pasión. Porque quieren que "se pongan la camiseta" sin embargo no se dan tiempo o no invierten en escuchar a su equipo.

Si ese dinero que invierten en masaje emocional, lo invirtieran en descubrir las razones que su gente ya tiene para trabajar y tener motivación, tendrían mejores resultados. Porque descubriría opciones para acercarse un poco más a esas cosas que para ellos tienen sentido, entonces tendría personas y equipos con un mejor nivel de desempeño y satisfacción.

Si usted dirige personas y pretende llevar sus resultados a otro nivel tenga en cuenta que como líder deberá conocer y comprender a cada uno de los miembros de su equipo. Porque al final ellos y su motivación son quienes lo harán posible las metas de la empresa o bloquearán sus aspiraciones.

Desarrollo de la confianza

Otro factor importante en la memoria del cardio es el desarrollo de la confianza en uno mismo pero también hacia las personas que lideramos. John Maxwell menciona en su libro las 21 leyes del liderazgo que la confianza es el fundamento del liderazgo, "Cuando el líder carece de confianza, los seguidores carecen de compromiso." Sin confianza no hay terreno firme y que lo que hace al líder son; la confianza, la conexión y el carácter. Curiosamente todas estas conexiones se desarrollan principalmente desde el corazón de las personas.

Eso dice Maxwell y obviamente tiene razón pero lo que digo yo, es que la confianza es como la virginidad "solo se pierde una vez" así que jamás defraude la confianza que ha sido depositada en usted porque sería como si una descarga eléctrica borrara toda la información positiva guardada y peor aún quedaría registrada como una experiencia negativa hacia usted.

Las personas solo pueden ser exitosas cuando realizan aquellas cosas que realmente aman, alguna vez la Madre Teresa de Calcuta mencionó que debemos "amar hasta que duela" porque es preferible fracasar en lo que disfrutamos que triunfar en lo que odiamos. Debemos inspirar a las personas a descubrir y buscar lo que realmente aman.

Menciona Ernie J. Zellinsky en su libro el éxito de los perezosos "Si te pagan por lo que haces eso se llama trabajo, pero si tú estuvieras dispuesto a pagar por hacer eso, se llama vocación y como sabemos de antemano, las personas no eligen su vocación, se sumergen en ella.

Podría ser más simple entender las cosas desde esta perspectiva. "No somos nosotros los que hacemos el trabajo, es el trabajo el que nos hace a nosotros". Tal como lo afirma la encíclica LABOREM

EXERCENS Publicada por Juan Pablo II el 14 de septiembre de 1981.

Viéndolo de esa forma, el sentido de todo lo que profesionalmente hacemos puede cambiar porque a algunos nos da "hueva" hacer las cosas simplemente porque nos las piden o porque le importan a alguien más. Cuando entendemos entonces que el trabajo más maravilloso que todos los días realizamos es hacia dentro de nosotros mismos para convertirnos en nuestra mejor versión. Entendemos que vale la pena todo el esfuerzo que esa tarea requiera porque somos los arquitectos de nuestro diseño.

Sin embargo eso también implica revisar nuestra autoestima porque si alguien no puede con eso solo o no ha encontrado el sentido de su vida, debe resolver antes con ayuda profesional sus propios enredos porque solamente estamos preparados para entender en el quinto cerebro y sumergirnos en él cuándo hemos sido capaces de comprender y manejar adecuadamente nuestra memoria del cardio o simbólica.

Quinta memoria.

El que con lobos anda a aullar se enseña.

Todos nosotros hemos escuchado frases como esta que nos hacen comprender la importancia de esta **memoria o identidad colectiva** pues somos de alguna manera parte de una tribu, una jauría, una manada o una comunidad y que nuestra propia forma de ser, rasgos físicos, idioma y cultura, en mucho se la debemos al entorno en el que nos desarrollamos. Sobre todo porque a una edad temprana es poco probable que nos podamos hacer cargo de nuestras propias decisiones, conexiones y relaciones.

Don Alfredo Casillas un buen amigo mío con frecuencia comentaba que una de sus hijas cuando hacía berrinches de niña le reclamaba *¿Por qué no me preguntaron si quería que yo fuera su hija o no?* No me consta que esto fuera cierto porque era muy bromista pero su respuesta hacia ella era muy simple. ¡hija… pues NO ESTABAS!

Ninguno de nosotros escoge a sus papás ni el entorno donde inicialmente nos vamos a desarrollar, pero eso puede llegar a marcarnos de una forma determinante en nuestra vida y es por eso digno tratar esta inteligencia colectiva como otra memoria o conectoma diferente a los demás.

Pensemos en una situación muy común en nuestros países latinoamericanos como lo es **LA POBREZA**. Que en el caso de México se calcula que existen más de 50 millones de pobres. La definición que de pobreza que más me convence dice *"Pobreza es la incapacidad del pobre, para dejar de ser pobre".* Esto quiere decir que: *La pobreza forma parte de nuestro conectoma colectivo.*

Esa mentalidad de pobre definitivamente es una situación aprendida de forma inicial y directa del entorno en el que nos desarrollamos, de la misma forma en la que una persona que nace en una situación privilegiada aprende de su colectivo que él también puede ser rico.

Tristemente en nuestros países hay líderes y político que piensan que la pobreza se quita, dando despensas, bonos o dinero a la gente y poco se está invirtiendo en cambiar su conectoma colectivo, esa realidad que haga a la gente espejearse desde otra perspectiva.

Si nos diéramos la oportunidad de comprender que lo que tenemos que cambiar son **los espejos** en los que las personas se están reflejando tendríamos otros resultados.

Imagínese usted, estamos tan pobres de mentalidad que ahora es común en algunas zonas de México escuchar a algunos jóvenes decir "prefiero vivir 10 años como rey que 70 como buey" y los mejores referentes de nuestros jóvenes han llegado a ser los, dictadores, los jefes de alguna mafia o narcotraficantes, los kamikazes en algunos países radicales o en el mejor de los casos el artista o personaje de moda efímera que nos vendió la televisión o el internet.

En definitiva debemos aceptar que en varios de nuestros países y en el caso concreto de México hemos tenido y adoptado por muchos sectores un **conectoma de mediocridad,** conformismo, violencia, corrupción e individualismo y que lo que requerimos es un cambio urgente de Chip, tener otros referentes y lo merecemos porque somos creativos, solidarios, trabajadores y amables.

Afortunadamente cada día hay mejores ejemplos de influencers jóvenes, inventores, desarrolladores, creativos y empren-dedores que están mostrando a los demás, que en inde-pendencia de tu circunstancia puedes superar los obstáculos. Considero que alentar esto es hacer la apuesta correcta.

Revisando su conectoma colectivo empresarial

Las empresas y las instituciones son a final de cuentas un andamiaje de procesos y conexiones humanas que hacen que todo opere de acuerdo al nivel logrado en la eficiencia de su sistema. La hipótesis de Eliyahu M. Goldratt dice que "las empresas están diseñadas y son dirigidas de manera tal que generan los resultados que obtienen".

Goldratt quien murió en el año 2011 fue el creador de la teoría de las restricciones, nos muestra con claridad la enorme importancia de contar en nuestras organizaciones con las conexiones correctas para que el diseño organizacional funcione.

Si usted cuenta con personas y equipos de trabajo con grandes capacidades y los conecta con la estrategia adecuada y un liderazgo correcto, indudablemente que su empresa va a tener éxito.

Dice Joseph Napolitan considerado el padre de la consultoría política. "Una buena estrategia puede sobrevivir a un desempeño mediocre, pero el mejor desempeño puede fracasar si la estrategia es equivocada". En mi traducción se debe establecer un elemento de sinergia para conectar los equipos de trabajo hacia objetivos comunes.

Los equipos de alto desempeño se forman entonces a partir de conectar los elementos de rumbo común, compromiso, comunicación clara y asertiva, liderazgo y sinergia.

Las organizaciones y los equipos aprenden y se desarrollan a partir de los recursos de memoria colectiva que comparten y se convierte en su acervo. Su propio plan estratégico, filosofía y valores compartidos, sus manuales de operación y su dinámica establecida para solucionar problemas, empoderar y tomar decisiones.

Dos tentaciones fuertes.

1.- Perder de vista el entorno. Cuando atenidos a que nuestro sistema de trabajo funciona creemos que no tenemos nada que aprenderle a nadie, es entonces el principio de la caída. Este cerebro colectivo debe comprender que su inteligencia y memoria son dinámicas, de lo contrario podemos rezagarnos en la carrera sin percatarnos de ello.

2.- No entender nuestro papel. Nuestra empresa u organización soluciona un dolor humano, de no ser así no tendría sentido ni viabilidad su existencia, ni tampoco tendría caso intentar tener una memoria o aprendizaje organizacional. Este conectoma organizacional crece y tiene viabilidad a partir de que se vincula de forma eficiente y exitosa con su entorno. Es decir nuestra inteligencia colectiva crece en la medida que somos más útiles a la realidad para aliviar el dolor humano y hacer la vida de las personas más fácil.

Conclusión:

Este bendito cerebro colectivo es el gran almacén de memoria en el que todos convivimos, es nuestra generación donde nos alimentamos o aportamos para su crecimiento, en la medida que nos conectemos a él de forma exitosa podemos ser viables. Es explicable porque el internet y las redes sociales han contribuido enormemente a la evolución de la humanidad en nuestra era. Sin darnos cuenta estamos más informados, somos más capaces y tenemos la posibilidad de simplificar nuestras vidas, compararnos de forma inmediata con otras culturas y resolver problemas juntos.

5 velocidades.

Cada uno de nuestros 5 cerebros y memorias hasta aquí expuestos amerita la profundidad de tratado completo. Pero la intención es comprender que vale la pena revisar y tratar cada uno de ellos de forma independiente porque aunque la mayoría de los profesionales nos dan información valiosa de nuestras capacidades y conectomas, no siempre logramos comprender el potencial y el alcance de cada una de ellos.

Espero que hasta aquí podamos haber descubierto ese enorme potencial que tenemos en cada elemento para resolver de una mejor manera los problemas y las situaciones que la vida nos presente.

Pero si usted creía que con revisar los 5 cerebros y 5 memorias era suficiente, permítame informarle que aún hay más.

Nuestro cerebro es como un vehículo de 5 velocidades

¿Sabe usted conducirlo?

Imagínese por un momento que ya posee el vehículo que siempre ha soñado, pensemos en uno potente con 5 velocidades, completamente de lujo y con un desempeño digno de competir en la **Fórmula 1**. Usted conoce todas las características, capacidades y equipamiento del vehículo, porque recibió la información completa de parte de su asesor, pero no sabe lo más importante ¡*Conducirlo*!

Así mismo puede suceder una vez que usted conoce todo el potencial de su cerebro, pero por alguna razón no logra echarlo a andar, se le entrampa con frecuencia o sin darse cuenta pasa de una velocidad alta a una velocidad baja poniendo en riesgo la trasmisión o le falla al arrancar y justo el día que usted debe competir y ganar una carrera es cuando más atascado lo siente.

Bien, pues todo esto es solo comparativo con nuestra caja de velocidades cerebral.

Definitivamente debe existir información valiosa que nos permita ponerlo en marcha y lograr su mejor desempeño y si además logramos encontrar un programa de entrenamiento y lo aprovechamos al máximo, podemos llegar a la **Fórmula 1** y contender con mayor dignidad.

Conociendo la caja de velocidades

Seguramente ha tenido alguna vez en sus manos los resultados de un electroencefalograma (EEG). Si no es así le diré que es un estudio que se realiza para conocer el comportamiento de nuestra actividad cerebral.

Esa exploración neurofisiológica se basa en el registro de la actividad bioeléctrica cerebral en condiciones basales de reposo, en vigilia o sueño, y durante diversas activaciones (habitualmente hiperpnea y estimulación luminosa intermitente) que se realiza mediante un equipo de electroencefalografía. Abajo presento solo como referencia una muestra gráfica de un EEG. Son decenas de hojas impresas o digitales como la que se muestra en la imagen.

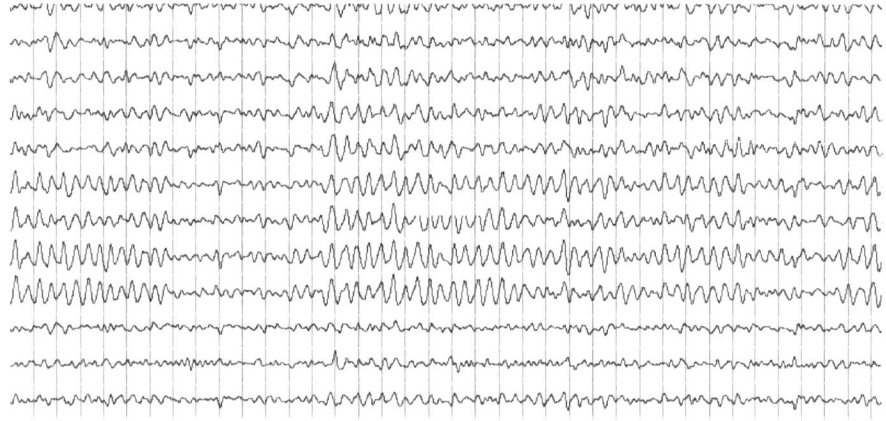

Esa actividad eléctrica que refleja un EEG son **nuestras ondas cerebrales,** caracterizadas por ser de muy baja amplitud, del orden de microvoltios y no siempre siguen una sinusoide regular. Esos impulsos eléctricos son información que viaja de neurona a neurona haciendo uso de cientos de miles de ellas para lograr transportarse y ejecutar una función determinada.

La actividad de las ondas cerebrales puede ser observada mediante un electroencefalograma o EEG y desde su invención se han producido numerosas investigaciones que han estudiado la relación entre las ondas cerebrales y los diferentes estados de conciencia.

Sabemos que los patrones de cada una de las ondas cerebrales se relacionan biyectivamente en los diferentes estados, tales como concentración intensa, estado de alerta, sueño profundo, sueños vívidos, somnolencia, relajación, hipnosis, etc.

En el caso de mi hija Vanessa de quien ya le comente que padece el síndrome de Lenox Gastaut el patrón de comportamiento de sus ondas cerebrales es muy diferente a lo que usted observa en la gráfica anterior ya que su actividad eléctrica no es normal, pues mi hija tiene una malformación cerebral que le impide hacerlo.

Había encontrado pocos especialistas que le dieran tanta importancia a estas ondas cerebrales tal como lo hace el doctor James Hardt en su investigación que presenta en el libro que ya le recomendé "El arte de pensar inteligentemente", publicado en el año 2007 y que para esa fecha integraba más de 30 años de investigación y casos para demostrar que las personas pueden maximizar su potencial una vez que saben conducir su adecuadamente su proceso de bioretroalimentación como él le llama.

A través su proceso Biocibernético patentado, el Dr. Hardt ofrece un programa de rejuvenecimiento cerebral en el que antes de entrar a la cámara de entrenamiento los electrodos son conectados a la cabeza del aprendiz para conocer su comportamiento y diseñar una estrategia personalizada de retroalimentación y entrenamiento mediante el cual consigue incrementar el estado ALFA de las personas.

Me pareció relevante su contribución porque fue un descubrimiento que hizo en su propia persona y con el tiempo muchos investigadores han seguido esos pasos para estudiar el comportamiento de estas ondas más a fondo y con tecnologías actuales que le mostraré más adelante con el objetivo de argumentar porque nuestras ondas cerebrales si pueden ser consideradas como una caja de velocidades.

Más a fondo con las ondas cerebrales.

Existen 5 tipos de ondas cerebrales que trabajan de forma permanente en nuestro cerebro pero lo hacen como notas musicales. Unas actúan a baja frecuencia, otras a una más elevada. Sin embargo, en conjunto son capaces de conformar una hermosa melodía donde nuestros pensamientos, emociones y sensaciones pueden alcanzar un equilibrio perfecto.

La clave del auténtico bienestar está en que cada una de ellas trabaje de forma adecuada, dentro de su frecuencia y en un nivel óptimo ya que estos ritmos cerebrales no son estables, sino que cambian a medida que crecemos, maduramos y envejecemos.

Pero también son cambiantes debido a nuestros estados de estrés o ansiedad, se puede ver alterado este comportamiento en varias patologías, por lo que es de suma importancia este estudio para apoyar o confirmar algunos diagnósticos.

Conviene entonces darnos cuenta que existen algunas estrategias que nos podrán ayudar a detectar y destacar lo mejor de cada una de nuestras ondas cerebrales. En la actualidad existe la forma de obtener el comportamiento de nuestras ondas cerebrales sin necesidad de dormirnos.

Es tan importante el resultado de estos estudios que ahora se aplican hasta para conocer nuestro comportamiento y reacciones a la hora de tomar decisiones de compra o de otro tipo. Saber que regiones de nuestro cerebro o que ondas están teniendo mayor actividad en el momento que nos exponemos ante determinados estímulos.

El Dr. Jaime Romano autor del concepto Neuropiramide, desde hace casi 20 años desarrollo un sistema que permite hacer este tipo de estudios que ahora son muy frecuentes para el Neuromarketing pues hace un análisis muy completo de la actividad cerebral Hertz por Hertz y por cada región del cerebro.

De ahí surge la Neuropiramide de Romano que tiene 6 etapas, procesos de atención, activación sensorial, procesos emocionales, los procesos cognitivos de análisis y de síntesis, el regulador de la acción y la acción misma.

Más adelante revisaremos, solo como referencia esta herramienta y su aplicación práctica en el campo de la mercadotecnia y en otros como el liderazgo para la dirección de personas y procesos de negociación.

Otra referencia obligada para este tipo de estudios más en vivo y en directo fue desarrollada por la Vietnamita Tan Le, cofundadora de **Emotiv**. Esta mujer tiene una de las historias de vida más sorprendentes que he conocido de una persona y que gracias a los fuertes lazos que tuvo a lo largo de una vida llena de pruebas de fortaleza, ahora es una mujer exitosa.

Ella desarrolló entre otras cosas **la diadema cerebral** con la que demuestra que los actuales estudios solo toman la información superficial de la corteza. Con su invento, además de poder observar lo que sucede en un mayor número de capaz cerebrales, se tiene la posibilidad de mejorar el aprendizaje, mover un dron o desplazar objetos con el poder de la mente y una aplicación especial.

Más adelante ampliaremos información acerca de la utilidad de este tipo de tecnologías por ahora entremos en materia y revisemos cuales son nuestras ondas cerebrales y porque propongo que sean nuestra caja cerebral de velocidades.

1. Las Ondas Delta (1 a 3 Hz)

Las ondas Delta son las que tienen una mayor amplitud de onda y se relacionan con el sueño o descanso profundo (pero sin soñar). Son muy habituales en los bebés y en los niños más pequeños, cuando nos hacemos mayores y envejecemos, tendemos a producir menos ondas de este tipo. Lo cierto es que el sueño y nuestra capacidad para descansar se van perdiendo, poco a poco, con los años y es nuestro propósito averiguar porque, pero en mucho se lo debemos más a nuestros hábitos y los niveles de estrés con los que conducimos nuestra vida entre otras causas. Es decir, tal vez si podemos dormir, pero nosotros mismos nos despertamos.

Cabe señalar también que este tipo de onda se relaciona sobre todo con actividades corporales de las que no somos conscientes, como la regulación del ritmo cardíaco o la digestión.

De acuerdo a los expertos si aparece esta onda en picos muy elevados puede indicar alguna lesión cerebral, problemas de aprendizaje o incluso ser un indicador de un TDAH (Trastorno por Déficit de Atención Con Hiperactividad) severo.

¿Qué pasa si en un electroencefalograma aparece esta onda en picos bajos? Los expertos dice que puede indicar sueño deficiente, problemas para activar y revitalizar el cuerpo y la mente.

Un nivel adecuado de ondas delta favorece y cuida del sistema inmunitario, de nuestro descanso y de nuestra capacidad para relajarnos y aprender ya que están más presentes en nuestro metaconciente.

2. Ondas Theta (3,5 a 8 Hz)

El segundo de los tipos de ondas cerebrales va de los 3,5 a los 8 Hz y se relaciona sobre todo con nuestras capacidades imaginativas, con la reflexión y el sueño. Como curiosidad, cabe decir que las ondas de Theta suelen mostrar una elevada actividad cuando experimentamos emociones muy profundas.

Un ejemplo en el cual podemos ser conscientes de en qué momento este tipo de onda toma el control, es cuando terminamos de hacer un esfuerzo o una tarea que nos ha demandado mucha energía. Justo en ese instante en que nos relajamos y dejamos "volar" nuestra imaginación, las ondas Theta adquieren mayor presencia en nuestro cerebro.

Veamos otros datos ilustrativos:

Comentan los expertos que cuando se sale de control o en el EEG existe un pico elevado de ondas Theta puede relacionarse con algún trastorno depresivo, falta de atención, etc.

Los picos bajos cursan con ansiedad, estrés y baja auto-conciencia emocional. Un nivel adecuado de ondas delta favorece la creatividad, la conexión emocional e incluso nuestra intuición.

3. Ondas Alfa (8 a 13 Hz)

Las ondas Alfa surgen en un estado intermedio donde hay calma, pero no sueño, hay relajación, productiva y un estado propicio para meditar, reflexionar, estar atentos, ser creativos y conscientes de nuestro estado de conciencia, Lo podemos experimentar también

cuando estamos en un estado de abandono, en el sofá viendo televisión o en la cama descansando, pero sin llegar a dormirnos.

Cuando estas ondas se salen de control a un estado muy elevado o a un nivel muy bajo nos podría impedir centrar la atención o incluso sentirnos con muy pocas fuerzas para realizar una tarea.

Un nivel muy bajo cursa con ansiedad, estrés e insomnio.

Estas ondas son las que más van a centrar nuestra atención para explicar porque nuestro cerebro funciona como una caja de velocidades que nosotros podemos aprender a maniobrar.

4. Ondas Beta (12 a 33 Hz)

Hemos revisado y cruzado el umbral de esos tipos de ondas cerebrales, de nivel bajo o moderado, para alcanzar un escalón superior. Estamos ya en ese espectro de frecuencias más altas que surgen como resultado de una actividad neuronal intensa.

Hablamos de estados interesantes, pero a la vez complejos, porque se relacionan con esas actividades cotidianas donde ponemos toda nuestra atención, cuando nos mantenemos alerta y necesitamos a su vez estar pendientes de múltiples estímulos.

Actividades tan comunes como conducir, realizar un examen, hacer una exposición, estar en una reunión de trabajo presentando un proyecto, etc., son momentos de máxima activación. Sin embargo, un exceso, una sobre activación neuronal puede derivar en un estado de ansiedad o estrés capaz de perjudicarnos.

Un nivel bajo de ondas Beta, por su parte, nos conduciría a un estado demasiado relajado, laxo, o depresivo.

Un nivel óptimo de estas ondas nos ayuda a estar mucho más receptivos, enfocados a mejorar incluso nuestra capacidad para resolver problemas.

5. Ondas Gamma (25 a 100 Hz).

Los neurocientíficos están empezando a descubrir más datos sobre este tipo de onda, pero hasta no hace mucho apenas se sabía de ella. Pues resulta muy difícil captarla en los electroencefalogramas de hecho las ondas gamma y los rayos gamma solo se parecen en un aspecto: su frecuencia extremadamente rápida.

Hablamos de un tipo de onda que se origina en el tálamo y se mueve desde la parte posterior del cerebro hacia adelante y a una velocidad increíble. Se relaciona con tareas de un alto procesamiento cognitivo. Tiene que ver con nuestro estilo de aprendizaje, con la capacidad de asentar información nueva y también con nuestros sentidos y percepciones.

Se sabe, por ejemplo, que las personas con problemas mentales o de aprendizaje tienden a tener una actividad en la onda gamma menor que la media.

Los estados de euforia evidencian también picos elevados en este tipo de onda. La fase del sueño REM (Rapid Eye Movement) que suele aparecer en lo que conocemos como el quinto sueño, también suele caracterizarse por una alta actividad de este rango de frecuencias.

Como podemos observar, el conocer los diferentes tipos de ondas nos permite entender nuestros procesos mentales, que nuestras emociones, estímulos, actividades y dinámicas generan un tipo de "energía".

La clave por tanto está en ser conscientes de todo ello, en aprender a relajarnos, en ser más receptivos, intuitivos o en favorecer por ejemplo, ese manejo emocional, donde nuestra ansiedad trabaja a nuestro favor y nunca en nuestra contra.

4. El manual de su cerebro

- ¿Cuándo empiezo a tomar el control?

Podríamos llegar a pensar que todos esos procesos de impulsos eléctricos de nuestras ondas cerebrales son autónomos y que por lo tanto no hay nada que hacer más que dejarnos llevar hacía donde esos procesos quieran porque están fuera de nuestro control y estamos destinados a funcionar de esa manera de forma permanente como hasta ahora ha sucedido.

Pero habría que revisar más a fondo esas conclusiones obtenidas ya que parten de estudios aplicados con tecnologías obsoletas a personas dormidas o sedadas y de una forma superficial ya que los electrodos son colocados externamente en regiones específicas de la cabeza, es decir por encima de la corteza cerebral pudiendo perder información valiosa que se podría encontrar en el centro del encéfalo.

Como ya compartimos el Dr. Jaime Romano Micha y la Doctora Tan Le. Han desarrollado cada uno por su cuenta, herramientas para el estudio del cerebro mediante un sistema que nos permite tener la posibilidad de ver en vivo y en directo el comportamiento de nuestro cerebro mientras estamos despiertos y que en el caso del Doctor Romano aplica principalmente en el campo del Neuromarketing.

Si cada uno de nosotros portara alguno de esos dispositivo y observara su comportamiento tendríamos más cuidado en la forma en la que reaccionamos y aprenderíamos un poco más de nosotros mismos y las decisiones que tomamos.

La paradoja es que al día de hoy apenas se empiezan a desarrollar aparatos o tecnologías que nos permiten dar pequeñas órdenes al cerebro y generar movimientos mediante una interfaz que podemos visualizar. Pero aún no existe la forma de decirle a nuestras ondas cerebrales **como queremos decidir que se comporten**. Esa es la intención y el reto que nos tiene aquí.

Lo primero que debemos hacer para tomar el control de esa caja de velocidades cerebral es elevar nuestro estado de conciencia. Eso implica aprender a identificar cuál de las ondas en está tomando el control en determinadas situaciones de mi vida y si esa onda cerebral es la que más me sirve para la versión que en este momento requiero de mí mismo.

Primeros pasos.

El Dr James Hardt recomienda que primero debamos sumergirnos en nuestro estado Alfa. Esto significa que imaginariamente podemos desarrollar esa **vista de testigo**, ser capaces de observarnos a nosotros mismos y tomar el control al poner nuestra caja de velocidades en un punto intermedio es decir; ni demasiado relajados, ni demasiado alterados.

Llegar a un estado Alfa no significa estar con la onda ALFA siempre al máximo nivel, sino obtener lo mejor de cada una de nuestras ondas cerebrales, conociendo como es que funciona cada una de ellas y saber tomar el control para su adecuado manejo.

Sin embargo para sumergirnos en ese estado de alerta relajada tenemos enormes impedimentos, entre los cuales podemos destacar.

- El activismo al que nos sometemos.
- El estrés cotidiano de nuestro estilo de vida.
- Estar atrapados por nuestro reptil que no nos permite ver más allá de nuestras necesidades básicas.

- Nuestra propia alimentación.
- Nuestros hábitos o vicios como el alcohol, cigarro o drogas, desveladas recurrentes.
- Problemas emocionales o relaciones tóxicas.
- Apegos y expectativas autoconstruidas.

Hay personas que se han acostumbrado tanto a la desdicha que piensan que son felices. Pero jamás se detienen, no paran y no pueden controlar así su caja de velocidades, para poder lograr esto, se requieren tres pasos.

1. Detenernos
2. Observarnos
3. Retroalimentarnos

1.- Detenernos.

Es poco frecuente que las personas hagamos un alto en la vida para darnos un espacio suficiente, un retiro personal que nos ayude a visualizar lo que nos tiene enfrascados o persiguiendo sin sentido aquellas cosas que queremos conseguir sin habernos cuestionado lo que realmente vale o no la pena.

2.- Observarnos

¿Hacia dónde me dirijo?
¿Es ese lugar al que realmente quiero ir?
¿Porque creo que vale la pena ir hacia allá?

La mayoría de las veces desconocemos porque viajamos con tanta prisa a un destino que ni siquiera hemos definido.

3.- Retroalimentarnos.

Cuando imaginariamente somos capaces de observarnos y hacernos preguntas vitales, también debemos retroalimentarnos y no se trata de decirnos a nosotros mismos las palabras que queremos escuchar, algunas veces conviene que terceras personas que realmente nos estiman, nos den su punto de vista sobre nuestras decisiones, sin que ello implique olvidar que es nuestra responsabilidad. Esa función la puede desempeñar muy bien un Coach profesional.

Modernidad Líquida

Esto además se comprende para nuestra actual generación porque hemos adoptado un estilo de vida que para nada nos ayuda a llegar a nuestra mejor versión posible. Vivimos en una modernidad líquida como afirma el Dr. Zygmun Bauman un sociólogo Británico-Polaco fallecido recientemente en 2017.

Una modernidad consumista donde todo, incluso el individuo es algo flexible y susceptible de adoptar el molde económico, político o social que lo contiene, en lugar de sus generaciones anteriores donde valores y dogmas eran algo sólido y había algún referente.

Nada es ahora permanente ni fijo, ni siquiera el amor. Nada tiene bases sólidas, todo es efímero y relativo, no hay lazos fuertes con nada ni nadie y todo es bueno o malo de acuerdo al pensamiento de cada quien y si ya todo es así, no es de extrañar por qué no podemos entrar en nuestro estado **Alfa**.

Hemos convertido nuestras expectativas en necesidad.

De por sí, nuestro estilo de vida nos tiene sumergidos en una incertidumbre constante y vivimos con miedo a no ser viables, ahogados en nuestras quimeras o zanahorias inalcanzables, agreguemos a esto que nuestra generación está ***convirtiendo sus***

expectativas en necesidad. Le comentaré un ejemplo que me hizo reflexionar.

Hace unos 20 años llego a mi oficina la Señora Olivia Castellanos quien me conocía por ser vecinos y amigo de sus hijas e hijos de mucho tiempo. Traía una caja blanca con audiocasettes y material que le habían regalado en una de las recientes redes que se formaban son sistema piramidal para vender productos.

Recuerdo que me dio la caja y me dijo; *"Creo que esto te puede servir más a ti que a mí, porque tú das cursos y motivas a la gente. Ahí vienen consejos muy buenos pero que a mí no me sirven"*. ¡Ah caray! pensé yo y le pregunte, ¿pues qué dicen esos consejos? Me observo con sus hermosos ojos azules y con la sencillez que desde siempre le caracteriza y me dijo:

Es que en esas reuniones y en ese material me dicen que si yo hago todo lo que ahí me sugieren podré hacer grande mi red de mercadeo. Tener mucho dinero, viajar por todo el mundo y que mis hijos estudien en las universidades más prestigiadas.

¿Y.....? Replique yo, buscando una respuesta más amplia.

Pues que yo desde que tenía 15 años de edad prometí que toda mi vida, iba a ser pobre. Me contesto ella.

¡Glup! Se me hizo un nudo en la garganta y otro en el cerebro y pensé. ¡Vaya! Mientras la mayoría de las personas están persiguiendo desesperadamente dinero, poder y fama. Como lo afirma un estudio de la Universidad de Harvard. Esta señora, Doña Olivia Castellanos sabe exactamente lo que quiere y no anda toda estresada metiendo en su corazón cosas innecesarias, ni inventándose necesidades que le quiten el sueño. ¿Será por eso que a sus más de 70 años de edad y habiendo parido y criado a sus 14 hijas e hijos, todavía se le ve radiante y relajada? Además debo aclarar que no es una mujer conformista, pero sí muy ubicada.

Si usted vive estresado pensando que solo va a ser feliz o pleno el día que tenga un Yate, un garaje con varios vehículos de lujo, Una casa en la playa o cualquier necesidad que se haya inventado, le resultará muy difícil llegar a su estado Alfa.

Los planes, solo son planes

En nuestra vida personal y la organizacional podemos tener equipos de trabajo constantemente alterados por llegar a las metas y convertir de la planeación un ejercicio estresante lleno de ansiedad o apego que no nos permite fluir de forma creativa.

No estoy diciendo con esto que no sea importante hacer planes, yo los hago y hasta ayudo a las organizaciones a tener PLANES MAESTROS DE DESARROLLO. Pero ningún plan debe estar por encima de las personas que conforman nuestros equipos, al grado de estresarlas y no permitirles fluir con libertad.

De hecho los sistemas de planeación que realmente funcionan son aquellos que entienden que son las personas las que hacen posibles los planes y no al revés, si además tienen un sistema de evaluación y ajustes periódicos, tendrán éxito.

La vida de las empresas y las oportunidades son dinámicas, entonces no podemos aferrarnos ni siquiera a nuestros planes porque eso no nos permitirá fluir como una organización inteligente.

Combustible y lubricante son vitales

Para que ese potente vehículo funcione y la caja de velocidades opere de forma eficiente es necesario saber si el vehículo cuenta el combustible suficiente para el viaje y el lubricante adecuado para el motor.

Para alcanzar nuestro estado de alerta relajada ALFA, Es necesario revisar nuestros hábitos y cómo estos contribuyen a nuestro desempeño cotidiano.

Los neurotransmisores con los que nuestro cerebro y las neuronas realizan sus principales funciones, requieren de todo un proceso químico que se genera de forma autónoma en nuestro propio cerebro, pero existen algunos alimentos para tener un desempeño adecuado el oxígeno, el descanso y la glucosa.

La pregunta aquí es ¿cómo es que llevamos estos elementos al cerebro? Porque si no recibe la cantidad adecuada de cualquiera de estos ellos puede presentar fallas o bajo rendimiento.

Hagamos ejercicio.

La mejor forma de despertar después de un adecuado descanso, llevar oxígeno al cerebro y alcanzar el estado Alfa es haciendo ejercicio. El ejercicio activa una infinidad de neurotransmisores que son esas sustancias químicas que trabajan como mensajeros entre las neuronas.

La mayoría son conocidos como dopamina, serotonina, adrenalina, acetilcolina y gaba. Los beneficios que aportan Los neurotransmisores llegan a controlar una gran parte de nuestro estado mental, como la concentración, la calidad del sueño, el descanso, la memoria, el aprendizaje o gestión de situaciones de estrés.

Importancia de los neurotransmisores.

Los neurotransmisores se produce a lo largo del día, pero existen unos factores que hacen que esas sustancias químicas se activen a nuestro favor por ejemplo;

La euforia que sentimos después de hacer deporte durante más de 30 minutos es debido a un aumento de producción de ciertos neurotransmisores, como la dopamina y la serotonina. Según qué tipo de actividad, duración o intensidad del ejercicio puede haber un efecto en nuestro cerebro relacionado con la liberación de neurotransmisores.

Por otro lado la serotonina regula nuestro estado de ánimo, el sueño o el apetito. La dopamina regula procesos cerebrales que influyen en la capacidad de experimentar placer. Está claro que en el plano ideal experimentaríamos niveles más óptimos de estos neurotransmisores.

Como consecuencia, nuestra capacidad de razonar o tomar decisiones positivas y nuestra relación con nosotros mismos y los demás serían mucho mejor. Cuando usted lleva oxígeno a su cerebro es capaz de pensar con mayor claridad, activa su mejor versión, combate la depresión, el estrés, la ansiedad y hasta su cuerpo luce mejor, su piel se lo agradece.

Activando el estado ALFA en su empresa.

Hasta ahora es poco común que nuestras empresas, sobre todo las PYMES, (Pequeñas y medianas empresas) promuevan el hábito del ejercicio entre su personal o algún tipo de opciones para mejorar esa actividad tan indispensable como lo es la activación cerebral. Esto tampoco lo aprendemos en las universidades y menos en nuestras escuelas de educación media y básica, que aunque tienen actividad física muchas de ellas, nunca nos explican los beneficios que eso puede tener para nuestra salud cerebral.

Si usted es directivo, maestro o coach. Lo invito a ser creativo y desarrollar con su equipo, actividades de campo, convivencias, juegos o hasta espacios de meditación y reflexión donde una vez terminando una buena rutina de oxigenación e hidratación intente obtener de su equipo nuevas y mejores ideas o propuestas.

Tal vez inicialmente no consiga mejorar en mucho su creatividad, pero le garantizo que desde un principio su ambiente de trabajo mejorará de forma notoria.

Eliminar hábitos nocivos.

Algunas personas prefieren despertar con un café y logran hacerlo, pero no consideran este hábito solamente estimula el sistema nervioso sin llevar oxígeno al cerebro. Un elemento indispensable para llegar a un estado de alerta relajada. Con ello no estoy afirmando que no podamos tomarnos un café, pero abusar de este puede afectar nuestro desempeño.

Hay otros hábitos que impactan a nuestro cerebro y provocan efectos no deseados como la falta de sueño, la mala alimentación, el estrés, la exposición a toxinas y contaminantes ambientales, medicamentos, drogas (alcohol incluido), fumar, relaciones tóxicas, deficiencias nutricionales y la deshidratación.

Algunos afirman que comer ajo, cebolla, y condimentos en exceso puede también alterar en nuestro flujo de ondas cerebrales.

Si usted hace ejercicio y se alimenta bien, no solo va a tener un mejor desempeño cerebral y alcanzar su estado Alfa más rápidamente. Además se verá más joven no solo por su piel, sino por su actitud.

Meta cumplida. ¿Ahora qué sigue?

Finalmente logramos llegar a nuestro estado Alfa, es decir ese sitio donde tomamos el control de nuestro vehículo de 5 velocidades y decidimos hacia donde queremos viajar, trazamos la ruta y estamos por comenzar el trayecto, de un nuevo día o de una renovada vida.

Surge entonces la necesidad de preguntarnos si no habrá en nuestro camino o trayecto algo que nos pueda forzar a salir de ese estado que con tanta dificultad alcanzamos. Si el clima que enfrentaremos no llenará de lluvia o de niebla nuestro parabrisas y nos haga perder visibilidad o velocidad. Usted sabe que con ello me refiero a que aún con el ALFA a todo vapor, podemos ser sumergidos por situaciones imprevistas durante el día.

Consultamos el servicio meteorológico y nos dice que tendremos un día soleado y lleno de luz. ¡Genial! Aumenta nuestro entusiasmo por emprender el viaje pues hemos decidido pintar ese día con mucho color.

Luego entonces debemos prever el tráfico. Con quien nos vamos a topar a lo largo ese viaje llamado día y en qué estado van o vienen de forma tal que aseguremos llegar vivos, felices y a tiempo una vez que nos hemos encomendado a "Santa María del Camino, Haz que lleguemos sanos y salvos a nuestro destino". Así que después de encomendarnos a nuestros santos, revisamos WAZE o Google Maps y tomamos las previsiones para evitar tráfico indeseable.

Solo falta revisar las condiciones de la carretera, si no está llena de baches, si no es demasiado angosta, tiene curvas o rectas prolongadas.

En fin, intento con este ejemplo darle a entender que; No basta llegar a nuestro estado ALFA, Lo importante es sabernos mantener en él durante el viaje, ya sea, un día común, un proyecto o estado de vida elegido. El doctor James V. Hardt a esto le llama *"Surfear en el estado Alfa"*.

Nuestra vida nos va a presentar muchas olas y cuando son pequeñas e inofensivas nos podemos divertir con ellas, pero cuando son olas altas, solo los expertos son capaces de tomar su tabla y surfear en ellas mientras los demás huyen o se sambuten.

Habrá algunos valientes que quieran enfrentarlas sin tener las habilidades necesarias y terminarán arrastrados y golpeados por las enormes olas, en el mejor de los casos, en el peor, ahogados.

Cuidado con las olas.

Indudablemente existen varias olas que pueden arrancarnos de nuestro verdadero propósito y permítame hacer énfasis en esto.

"La mayoría de personas en el mundo si no es que todas las que funcionan bien de sus facultades mentales tienen como una de las metas más importantes. LA FELICIDAD" y en los últimos años es uno de los temas sobre los que más se ha escrito y de forma bien intencionada los autores nos han dado una infinidad de recetas. Algunas verdaderamente útiles y otras que honestamente solo son masaje emocional.

El problema con esta **búsqueda de la felicidad** es que por alguna razón nadie nos dice que la felicidad es un estado de conciencia desde el cual podemos tomar nuestras propias decisiones para volvernos nuestra mejor versión posible en independencia de las circunstancias que estemos enfrentando. Que vamos a tener un montón de situaciones internas y externas que nos pueden sumergir hasta sentirnos ahogar.

Y es que nos han vendido la felicidad como si fuera una nube de algodón, desde la cual observamos al común de los mortales en sus miserables vidas y nos decimos ¡que afortunado soy! O que cuando nos toca llorar, lo hacemos desde la comodidad de un Ferrari o nuestra mansión en Dubái.

Otro asunto pendiente con la felicidad es que ni siquiera sabemos en qué consiste o la confundimos con el confort que nos proporciona tener resueltos nuestros problemas económicos, de salud o emocionales pero a la larga nos deja la sensación de una vida vacía y carente de sentido.

En la vida, como ya mencionamos, vamos a enfrentar enormes olas llamadas dificultades y de todo tipo. Como dijera el "campesino" **nos vamos a hartar** de tantas que pueden inundarnos o cegar nuestra esperanza.

Incluso es posible que más de alguna vez tengamos que enfrentar un huracán categoría 5 y a pesar de ello, salir a flote. En mi caso esta experiencia la he tenido que vivir en carne propia más de una vez y no solo de forma metafórica.

Me viene a la mente un ejemplo del gran impacto que puede dejar el paso de un huracán por una ciudad o región. La primera semana de Octubre del año 2005 realizamos en Cancún Quintana Roo. México un seminario de estrategias de negociación, marketing y comunicación. Recuerdo que elegimos el hotel Misión Cancún, que aunque no contaba con unas instalaciones de súper lujo, eran muy hermosas y sus playas encantadoras.

Pues bien, realizamos el evento y justo a la semana siguiente se anunció la llegada del Huracán Wilma un poderoso monstruo natural de categoría 5 que fue el cuarto huracán de esa temporada y batió récord de los fenómenos más fuertes registrados desde 1960 y 1961.

Era también el huracán más fuerte registrado en el Atlántico y el décimo ciclón tropical más intenso registrado en todo el mundo.

Como usted podrá adivinar, de ese hotel donde realizamos nuestro evento, no quedó rastro, igual que de cientos de hoteles y establecimientos más.

Ese fenómeno que duro apenas unos instantes provocó sus efectos más destructivos en la República Mexicana en la Península de Yucatán, Cuba y en la parte sur de la Península estadounidense de la Florida. Se reportaron 47 decesos relacionados con la tormenta y los daños se estiman entre 18 y 22 000 millones de dólares. *¿Se imagina el tiempo que lleva recuperarse de un golpe así?*

Lo que sucede con los grandes huracanes puede acontecer también en nuestra vida personal, familiar o empresarial. Hay golpes de los que nos parecerá difícil recuperarnos, muchos de ellos nos hacen perder la confianza en nosotros mismos o en los demás. Otros más dolorosos nos pueden tentar a perder hasta el sentido de la vida o las ganas de luchar, si no contamos con lazos fuertes y bases sólidas.

¿Cuáles son entonces esas olas que debemos aprender a surfear para mantenernos en nuestro estado ALFA? Y ¿Cómo recuperarse del paso de un huracán en caso de que llegue a nuestra vida con toda su fuerza?

Las olas más peligrosas.

Hay olas de todo tipo, tamaño y fuerza, pero para simplificar lo que nos impide alcanzar nuestro estado Alfa y mejor versión. Enunciare las siguientes.

    I. Baja autoestima.
    II. Miedo.
    III. Conformismo.
    IV. Rencor.
    V. Narcisismo inflamado

I. Manejando la autoestima

Hace unos 15 años estaba pasando por un problema de depresión que honestamente yo no me percataba de ello, pero de pronto tomaba conciencia, me miraba al espejo y pensaba. ¡Ando como el de la **mochila azul** "no me divierto con nada"! así dice una canción que hace muuuchos años cantaba Pedrito Fernández.

Por alguna razón cayó en mis manos un libro que en ese momento me ayudó enormemente y se titula; "Acaso no soy una maravilla y no lo eres tú también" su autor; Jess Lair escribe algo que en ese momento y para esa situación me vino bastante bien.

Para tener una autoestima nivelada *debemos aceptarnos a nosotros mismos, pero antes de aceptarnos, debemos rendirnos.*

Una persona con baja autoestima difícilmente puede llegar a su estado ALFA y convertirse en su mejor versión posible porque no logran rendirse y aceptarse. Imagine usted por un momento la vida de Nick Vijicic, este orador y motivador internacional que nació sin brazos ni piernas en Melbourne, Australia un 4 de diciembre de 1982.

Cualquier otra persona en su lugar sentiría lastima de sí misma y tomaría como opción vivir una vida resignada e infeliz siempre dependiente de la ayuda de alguien más. Nick por el contrario se describe a sí mismo de la siguiente manera.

"*Nací en Australia y doy gloria a Dios porque usó mi testimonio para tocar miles de corazones alrededor del mundo. Nací en 1982 sin extremidades y no hay una explicación científica para este defecto. He tenido que encarar cambios y obstáculos.*

Me gustaba ir a la escuela y trataba de vivir como todos los demás, pero en mis primeros años enfrenté rechazos y burlas. Era muy difícil, pero con la ayuda de mis padres desarrollé aptitudes y valores que me ayudaron a aceptarme y avanzar.

Sabía que yo era diferente por fuera, pero en mi interior era exactamente igual a los demás. En muchas ocasiones me sentía decaído y no quería enfrentar la realidad negativa. Hubo momentos en que caía en la depresión y el enojo porque no podía cambiar mi físico.

Aprendí que Dios nos ama a todos y cuida de cada uno de nosotros, pero no podía entender por qué me había hecho así si me amaba. Así que seguí con mi vida como es ahora y nadie puede cambiar lo que está hecho. Llegué a pensar en terminar con mis penas y mi vida. Mis padres y mi familia, estuvieron siempre ahí dándome fuerza. Para contrarrestar mis problemas emocionales, de autoestima y soledad, Dios me movió a compartir mi historia y experiencias para ayudar a otros a enfrentar sus vidas y ver bendiciones en los obstáculos.

Me animé a inspirar a otros a usar su potencial al máximo y alcanzar sus esperanzas y sus sueños. Me apasiona llegar a la gente y ponerme en manos de Dios para lo que Él desee hacer, Él marca el camino y yo simplemente lo sigo."

Nick Vujicic (Wilkipedia)

No se usted, pero para mí este testimonio me habla de un ser humano que teniendo todos los argumentos necesarios para dejarse caer. Decide iluminar su propia vida y la de mucha gente con su ejemplo.

Vemos con claridad las dos recomendaciones iniciales para una buena autoestima.

• **Rendirse y aceptarse.**

Rendirse no significa abandonar la batalla y dejarse derrotar, significa que debe llegar un momento de nuestra vida en el que tenemos que dejar de jugar a ser Dioses y perdonar a la vida por no ser lo que hemos idealizado y exclamar. ¡Ok vida, no nací en un

Yate, no soy hijo de Bill Gates, ni tampoco tengo la belleza de una Miss o un Míster Universo! Así que solamente soy hijo de un peluquero, una ama de casa y nací allá donde se regresa el viento y mi abdomen se marca solo cuando los calzones me aprietan. Siendo así debo decirte algo, VIDA MIA. ¡Te perdono y aún más, te agradezco por ser quien soy!

Y es que no podemos llegar a la aceptación de nosotros mismos si persistimos en luchar contra cosas que no tienen lógica ni explicación y que además ni siquiera tenemos el control. Las personas que juegan a ser dioses, les afecta y hasta se molestan porque llovió el día que ellos no querían, por el tráfico para llegar al trabajo, porque se terminaron las vacaciones o por cualquier otra cosa. ¡Que complicado vuelven su mundo, su entorno y su propia vida!

Afirma el Dr. Walter Dresel que "Una buena autoestima atrae a sus pares del mismo modo que una autoestima deficiente siempre a relaciones generalmente destinadas a culminar en fracaso".

Existen libros completos, tratados y programas que hablan de la autoestima más amplia e inteligentemente que un servidor, así que elija el de su preferencia, yo en lo personal le recomiendo dos libros muy serios y buenos que para ese tema considero útiles. El primero pertenece al autor Jess Lair "Acaso no soy una maravilla y no lo eres tú también" y el segundo es "Toma un café contigo mismo del Dr. Walter Dresel".

Concluyendo esta parte diremos que nadie en su sano juicio puede dirigir personas, equipos o empresas de manera exitosa si antes no ha logrado desarrollar una buena autoestima, solo podemos obtener la mejor versión de los demás cuando vamos con paso firme trabajando en nuestra propia versión renovada.

Más adelante daremos algunas estrategias que sabemos le pueden funcionar a usted y su equipo para tener un alto nivel de aceptación y estima.

II. Manejando nuestros miedos.

Otra ola que debemos surfear porque intentará impedirnos llegar a nuestro estado ALFA y manejar adecuadamente nuestra caja de velocidades cerebral es la ola de nuestros miedos. Pero ¿Por qué razón escribo **manejando** nuestros miedos en lugar de escribir que debemos **VERCER** nuestros miedos?

Por la simple razón que **no se trata de vencer el miedo** pues es un indicador de que nuestro cerebro reptil se está activando y solo se activa generalmente cuando debemos enfrentar situaciones o cosas que nos rebasan o avasallan. Cuando nuestro cerebro debe enfrentar cosas enormes y desconocidas activa el reptil de forma automática para protegernos y la reacción se conoce como miedo.

Vuélvase aliado del miedo.

Contrario a lo que nos venden de hacer a un lado los miedos yo me atrevo a invitarle a preguntarse, ¿Qué sería de nosotros sin el miedo?

Solo imagine por un momento un niño que no es conciente del peligro que enfrenta metiendo su mano a la jaula de un tigre mientras recorremos el zoológico. Ese niño pude perder su mano si la mete ahí y entonces sí, quedar marcado de por vida por algo que pudo evitar si hubiera sido conciente y haber tenido miedo. Entonces el miedo es indispensable para dimensionar nuestras capacidades ante lo que enfrentamos.

Por otro lado cuando debemos enfrentar situaciones pequeñas o insignificantes, nos sentimos seguros y en algunos casos hasta arrogantes y valientes. Es evidente que podemos correr despavoridos o paralizarnos de miedo si nos persigue un dóberman, un gorila o un león, pero no he tenido la experiencia hasta hoy de ver a nadie correr porque lo persigue una mosca.

El nuevo nombre del miedo.

Si ponemos el miedo desde otra perspectiva podemos llamarle FODA personal, grupal o empresarial. Porque de forma automática y súper veloz nos ayuda a identificar nuestras fortalezas, debilidades, amenazas y oportunidades del entorno que nos rodea y si lo capitalizamos nos podría ayudar a desarrollar la estrategia indicada para cada momento.

Aun así debo ser objetivo y advertir que aún con un buen programa de Coaching o entrenamiento personal que nos ayude a ver las cosas desde una perspectiva diferente, vamos a seguir teniendo miedo ante las cosas que nuestro sistema detecte como amenaza. Cuando de repente un sismo nos mueva el piso, seguiremos teniendo miedo y nuestra reacción será de alarma. Igualmente cuando nos pidan obtener una cita e impresionar a personaje muy importante.

El miedo jamás se nos va a quitar y si eso llegara a suceder por favor vaya con su médico de confianza porque algo no le funciona. Con cuánta razón las personas que se drogan o alcoholizan hacen cosas temerarias y tantas vidas se han perdido y se pierden por gente que fuera de sus cabales perdió el miedo.

Atrapados en la zona de pánico.

Como ya explicamos tener miedo es algo natural, inevitable y saludable, pero lo que nos ocupa aquí es que queremos que las personas y organizaciones alcancen su mejor versión posible. Entonces cuando el miedo se vuelve el pan de cada día y marca nuestro estilo de vida podemos decir nuestra zona de pánico se ha convertido en un lugar de residencia.

Algunos ejemplos de que nos encontramos viviendo en la zona de pánico son:

- Tenemos miedo a manejar en carretera porque hace algunos años tuvimos un accidente grave.
- Soportamos durante años un trabajo o un mal jefe por temor a no ser capaces de ganar el sustento haciendo lo que realmente nos gusta.
- Mentimos con frecuencia para protegernos.
- No intentamos desarrollar nuevos productos porque los que tenemos funcionan.
- No nos arriesgamos a tener un crecimiento de nuestra empresa porque tenemos miedo a que nos vaya mal.
- No emprendemos, no intentamos, no buscamos nuevos clientes, no conquistamos, no cambiamos etc.

En fin, cuando nuestra vida ha sido revolcada por esta ola del pánico, necesitamos una buena dosis de empoderamiento y confianza para volver a creer que sea cual sea la situación a enfrentar, podemos salir victoriosos o tal vez derrotados pero con la versión resultante, más humilde, más sabia o más experimentada y ese será nuestro éxito.

III. Conformismo.

Derivado de las dos olas anteriores tenemos el conformismo o lo que en mi tierra le nombran la "mentalidad piojera". Es esa mentalidad que abriga bajas aspiraciones para no meterse en problemas, caracterizada por una aparente aceptación de la realidad personal pero que no implica esfuerzo ni asomo de ganas de cambiar. Lo cual es muy respetable pero que tiene su origen también en una baja autoestima y temores auto saboteadores.

Aunque esas dos causas ya las hemos explicado, nos detenemos aquí para revisar porque ese conectoma de mente piojera puede impedirnos alcanzar nuestro estado ALFA.

Cualquier podría decirme, ¡Ey, Marco! si la gente quiere ser conformista y mediocre ¡déjala, es muy su vida! así son felices. Y yo le responderé que no tengo problema por respetar su decisión, solo que eso no me impedirá prever que serán personas perfectamente infelices. Lo cual tampoco me importa porque este libro solo es para quienes desean conseguir una mejor versión de ellos mismos y de su empresa. Los demás pueden seguir su vida que no les molestaré.

De cualquier forma hago notar una diferencia sustantiva entre desapego y conformismo. Uno de los hombres más felices sobre la tierra ha sido San Francisco de Asís, él tenía como lema de vida el siguiente: *"yo de la vida necesito poco, y lo poco que necesito lo necesito muy poco"*. A diferencia de las personas conformistas, el estilo de vida de San Francisco fue de renuncia a las cosas que el mundo ofrece, en aras de un bien superior. Francisco originalmente era de una familia rica de Asís, fue incluso en medio de la plaza cuando se quita la ropa y dice desde hoy ya no le diré padre a nadie de este mundo, solo diré, Padre nuestro que estas en el cielo.

Su elección de vida, jamás le llevó a ser un conformista y la prueba de ello es que la orden que San Francisco fundó es conocida en todo el mundo cristiano.

"El que en un corral vive de una mierda se enamora"

Con frecuencia recuerdo esa frase campirana y silvestre que decía mi madre cuando yo era adolescente y a algunas otras personas mayores les escuchaba decir **"¡cuidado, que lo tonto se pega!"**. Al principio no distinguía si era para que no los contagiara o era una advertencia sobre mis posibles amistades.

Podemos llegar a tener comportamientos conformistas por adaptación o contagio, tanto de individuos como de equipos "echados en la hamaca" cuando permitimos la presencia de una **manzana** *podrida.* Luego ese tipo de mentalidad se convierte en un conectoma colectivo contagioso. Empresas enteras funcionando a *medio gas*, con liderazgos pasivos y permisivos manteniendo su rebaño haciendo como que trabajan para conservar su empleo.

En mi carrera de consultor con frecuencia me solicitan el desarrollo de estrategias para incrementar las ventas y descubro en muchas de ellas el principio que da origen en ingles a la palabra ventas y que le escuche decir alguna vez a un gran amigo llamado Eliborio Ponce.

En ingles ventas se escribe "SALES" es decir SI NO SALES, no vendes.

Son evidentes las conductas evasivas para no prospectar más y mejores clientes, explorar nuevos mercados o tener mayores metas pues pensamos que así estamos bien.

Si hasta este punto del libro, una persona que ha leído el contenido a conciencia, no tiene ninguna intención de hacer cambios en su vida para aprovechar al máximo el potencial de sus 5 cerebros, las 5 memorias y manejar su potente vehículo de 5 velocidades. Regrese o regale el libro que podrá hacer mucho bien a alguien más.

IV. Rencor extremo requiere perdón extremo.

El rencor es un veneno que tomas y crees que le hace daño a alguien más.

Si hay algo que nos impide alcanzar nuestro estado ALFA, lograr nuestra verdadera felicidad y mejor versión posible es que nuestro corazón esté atorado en cosas que no quiere o no puede perdonar. Es ese rencor extremo que muchas ocasiones se convierte en odio hacia algo o alguien a tal grado que hay personas que mueren con su corazón lleno de ira, rencor y odio.

¿Cree usted que una persona con corazón así, puede convertirse en su mejor versión posible y surfear tranquilamente en las olas superando las condiciones de la marea? Definitivamente no.

Un claro ejemplo de que podemos morir conservando en nuestro corazón diferencias tal vez legítimas con alguien más es el pasado deceso del Senador Estadounidense John McCain. Quién había decidido abandonar su tratamiento contra el cáncer y finalmente falleció el 25 de agosto de 2018.

El senador realizó una emotiva carta de despedida y agradecimiento al pueblo de los Estados Unidos, pero también manifestó su deseo de que Donald Trump no fuera invitado a su despedida, por obvias diferencias entre sus visiones políticas y desencuentros ampliamente conocidos aun siendo del mismo partido.

Sin embargo en esa ceremonia si estaban previstos como oradores los expresidentes Barack Obama, demócrata y George W. Bush Republicano.

Como consultor he tenido la fortuna de conocer personas con mucho poder económico y político, realmente ubicadas, generosas y desprendidas, pero también he podido ver como en un mundo así, es fácil que se generen grandes resentimientos, envidias y rivalidades incluso entre hermanos o familiares que llegan a odiarse a muerte por considerar que el otro está recibiendo mejores privilegios que ellos.

He conocido también personas realmente resentidas con Dios o con la vida porque consideran que no ha sido justa con ellas, ya sea por su situación económica, alguna enfermedad, pérdida material o al haberles arrebatado a un familiar o persona muy querida. Las he conocido tan de cerca que puedo decir que alguna vez pude contarme entre ellas.

Resentimiento grupal y escalable.

Si esto a nivel personal es de por si preocupante, imagine usted lo que puede suceder con un equipo u organización que por alguna razón se siente víctima de abuso. Un resentimiento colectivo que llega a convertirse en un conflicto potencial muy grave que se refleja claramente en un desempeño mediocre en el mejor de los casos, en sabotaje y confrontación directa en casos más delicados.

En la mayoría de las ocasiones que realizamos estudios de clima organizacional y para ello debemos entrevistar a los colaboradores de la institución en cuestión, me doy cuenta que los factores que están determinando un pésimo clima organizacional, tienen que ver con resentimiento, ya sea hacia un jefe, un sistema de trabajo, alguna norma o proceso que los hace sentirse presos de su propio trabajo.

No es de sorprender que cuando el resentimiento se vuelve parte de la vida de una localidad, estado o país. Puede incluso ser capitalizado por líderes políticos para volverlo su bandera de lucha y obtener provecho de ello ya sea generando revueltas sociales o verdaderos cambios que rompen con el hartazgo acumulado. Como ha sucedido en muchos de nuestros países latinoamericanos.

Perdón extremo

La única forma posible que existe para sacarnos de ese bache es aprender a perdonar, pero no es un proceso simple, sobre todo cuando ese encono se ha arraigado como cáncer en nosotros.

Cuando escuchamos los consejos que nos dicen "primero debe sanar el corazón" concluyo que tienen razón e intentaré explicarlo mediante los elementos de neurociencia que ya hemos analizado.

El cerebro intelectual aunque procesa y guarda en la memoria millones de datos y archivos, no toma decisiones de ese tipo. Tal vez nos pueda dar consejos de lo conveniente que es tener una vida sin rencor pero hasta ahí. Tampoco lo hace el cerebro, ni la memoria emocional, porque no tienen voluntad propia, solo me informan que es lo que estoy sintiendo ante determinados estímulos o situaciones que debo enfrentar.

El cerebro reptil siempre intentará protegerme y lanzará las alertas más fuertes así como los diferentes niveles y señales de alarma. Pero ante ese tipo de situaciones es solo con el corazón que activamos la capacidad de elegir y decidimos si perdonamos o no. Cuando nuestro corazón ha sido lastimado y está muy dolido necesitamos recurrir a algo más fuerte y eso se llama **perdón extremo.**

Voy a darle un ejemplo de la vida real aunque de antemano advierto que esta historia es muy fuerte. Hace algunos meses conocí a una persona que al final de una conferencia me abordó y me dijo que se había motivado para hacer un proyecto.

Yo le agradecí y pregunte que de que se trataba su proyecto, ella me comentó que era para que a ninguna persona le pasara lo que a ella le sucedió ante lo cual yo le pregunte ¿y que te paso o que quieres evitar?

Me dijo, *hace 8 meses que no sé nada de mi hijo, lo desaparecieron y apenas estaría cumpliendo 18 años.* Yo me quedé paralizado y la abrace mientras sentía como su cuerpo temblaba lleno de dolor y llanto. Le agradecí por haberme tenido esa confianza y a la vida por tener este tipo de profesión.

Unos dos meses después fui de nuevo a ese lugar, la encontré y al igual que la primera vez me abordó al final de la charla y me comentó que ya sabía lo que había pasado con su hijo.

Mi hijo cometió el error de juntarse con los amigos equivocados porque me consta que él no andaba en nada malo. Pero hubo un "levanton" es decir llegaron los de la delincuencia organizada y se llevaron a un grupo de jóvenes que andaban metidos en eso. Los llevaron a un cerro y los torturaron desnudos, a mi hijo lo forzaban y golpeaban para que hablara pero él no sabía decirles nada, lo cual interpretaron como una negación a revelar información o demasiada valentía. Así que le cortaron los genitales se los metieron a la boca y después de eso, los llevaron a un lugar donde los descuartizaron y los vaciaron en ácido para desaparecer sus cuerpos.

Algún familiar cercano a uno de esos chicos desaparecidos, continua diciéndome *fue el que descubrió esto y al saber el paradero de uno de los que habían cometido ese crimen fue hasta donde estaba y cuando lo encontró, lo arrodillo y lo mató a sangre fría y era también apenas un jovencito.*

Cuando yo escuche semejante barbaridad pensé ¿qué puedo decirle a una persona como ella para que sane su corazón y recupere su vida? si con toda lógica cualquiera de nosotros terminaría odiando a los demás, queriendo salir a buscar venganza y haciendo que pague por habernos hecho eso.

Y este es solo un ejemplo de tantas situaciones que a diario nos ponen a prueba, vemos las imágenes de padres abrazando con dolor a sus niños mutilados por las guerras. Escenas increíbles de violencia en los hogares, gente comiendo de basureros o personas huyendo de su país porque la situación está crítica y deben dejar todo lo que amaron sin saber si algún día podrán regresar.

Cuando un huracán azota nuestra vida hay daños de los cuales muy difícilmente podemos recuperarnos. Aun así y por muy dolorosa que la situación sea, va a tardar tiempo en sanar y como ya dijimos, debemos aprender a perdonar al extremo.

A este aprendizaje le llamo **neuroplasticidad forzada.**

Vamos a tener en nuestra vida situaciones que se volverán verdaderos surcos en nuestros conectomas emocionales y se será sumamente difícil reconstruirnos de vivencias tan complicadas y dolorosas pero aun así puedo afirmar que una persona puede alcanzar de nuevo su estado Alfa. Y los tibetanos son expertos en esto.

El Tíbet, ubicado en una meseta en el lado norte de los Himalayas, es una región autónoma de China. La llaman el "Techo del Mundo" por sus altas cumbres. Comparte el monte Everest con Nepal. En la capital, Lhasa, se encuentra el Palacio Potala sobre una colina, que alguna vez fue la casa de invierno del Dalai Lama, y el templo Jokhang, el corazón espiritual del Tíbet, admirado por su estatua de oro del Buda joven.

En 1950, el Ejército chino invadió el Tíbet. Ese año, el 14º Dalai Lama, Tenzin Gyatso, asumió con sólo 15 años la Jefatura de Estado. En 1951, los líderes tibetanos son obligados a firmar un tratado que pone la región bajo la administración de China.

A finales de esa década, hubo una violenta represión del levantamiento popular que causa más de 90.000 muertos. Desde entonces El Dalai Lama y sus ministros se instalan en Dharamsala, al norte de la India, donde continúan hoy.

En 1966, en plena Revolución Cultural china, más de 6.000 monasterios budistas fueron destruidos y millares de monjes y monjas murieron. En 1994, la comunidad tibetana en Suiza acusa a China de la muerte de 1,2 millones de tibetanos.

Ellos tan solo reclamaban su independencia. Sin embargo, en 1979 el Dalai Lama abogó por el «camino intermedio», que conlleva *la renuncia a la independencia a cambio de una autonomía que permita al Tíbet conservar su identidad y sus valores.*

En 2005, el Dalai Lama aceptó en una entrevista que el Tíbet es parte de la República Popular China.

Aun así el gobierno chino sigue empeñado en una posesión absoluta y el presidente del Tíbet, Qiangba Puncog, ha señalado que la población de la región «luchará contra el separatismo, a favor de la patria unificada, y en pos de mantener la estabilidad».

¿Quién es el Dalai Lama? Premio Nobel de la Paz en 1989, Tezin Gyatso es el líder espiritual de una de las cuatro escuelas del budismo tibetano, la escuela Gelug. Además es el líder político de la región. Desde su nombramiento se ha reunido varias veces con las autoridades chinas.

Se imagina usted la capacidad que se debe desarrollar en una cultura que ha perdido injustamente más de 1'200,000 vidas y que aún después de ello una persona como el Dalai Lama decida que la mejor opción es el camino del perdón y la paz.

¿Y cómo podemos realizar un ejercicio de perdón extremo?

Hacer un ejercicio de perdón además.

- Mejorará su salud
- Mejorará su cara
- Sus relaciones
- Sus ingresos
- Su vida personal y familiar.

Hacerlo no es una tarea sencilla y la mayoría de nosotros no sabría cómo hacer este ejercicio ni vencer las resistencias naturales que se dan.

Tal vez lo que deba perdonar sea un agravio demasiado grande, su ego se interpondrá y esa persona tal vez ni cuenta se ha dado de lo mucho que le lastimó.

Pero usted necesita ese perdón y debe conseguirlo de forma urgente. Sobre todo porque lo necesita para usted mismo así que intente lo siguiente:

- Piense en el mayor agravio que haya recibido en su vida y que aún no logra perdonar. (pueden ser varios agravios y varias personas).
- Vea la cara de esa persona o situación de la que siente rencor, humillación o desprecio.
- Escriba cada uno de los cargos por los que quiere acusarle, TOME su tiempo.
- Vea la cara de esa persona y lea cada uno de los cargos. Al principio en voz baja pero luego en voz alta.
- Me humillaste, me golpeaste, me lastimaste, Me mentiste…… etc, etc.
- Cierre sus ojos, Ponga su mano en su corazón y dígale…
- YO TE PERDONO, TE PERDONO.

Una vez que usted se ha liberado de esa carga y es posible que ese ejercicio tenga que realizarlo varias veces, hasta que verdaderamente sienta sus hombros más livianos, se dará cuenta que está preparado para ver un futuro con más luz.

Solo cuando hemos sido capaces del perdonar al extremo podemos mantenernos en nuestro estado Alfa. Pues mientras guardamos rencor, nadie se beneficia y solamente estamos soma-tizando en nuestro organismo esa energía negativa que se puede convertir hasta en una enfermedad que acabe con nuestra vida o al menos con nuestra legítima felicidad.

V. Narcisismo inflamado.

He llegado a la conclusión de que lo que más nos hace infelices es ese narcisismo personal de creer que somos las únicas personas que sufren en el mundo y en lugar de desarrollar una autoestima adecuada, terminamos desarrollando auto lastima o un ego inflamado.

Si hay algo que puede elevar la categoría de nuestro huracán a nivel 5 es dejar al mando a nuestro EGO. Casi nunca somos conscientes de ello pero lo dejamos crecer y lo que es peor, dejamos que él conduzca el potente vehículo de nuestra vida y es aquí cuando recurro a la atinada descripción que hace el doctor James Hardt sobre el ego.

—Es berrinchudo
—Traicionero
—Exigente
—Infantil
—Apegado
—Se genera altas expectativas.
—Le gusta sufrir y complicarse.
—Quiere destacar a como dé lugar.
—Intenta imponer su voluntad

Como puede usted observar el EGO tiene tendencias y habilidades muy peligrosas, estoy seguro que a estas alturas de la vida muchas personas no nos habíamos percatado que le estamos permitiendo conducir nuestra existencia.

El aumento del estrés, la ansiedad y la depresión cada día más se asocia al estilo de vida que hemos diseñado casi siempre en torno al EGO. Queremos casas más grandes, mejores autos, nombres más largos de puestos de trabajo, vacaciones más exóticas, universidades reconocidas para nuestros hijos e infinidad de cosas con las cuales alimentamos nuestro narcisismo.

Cuando dejamos crecer el ego podemos convertirlo hasta en nuestro propio Dios. Hay personas que de hecho le han construido mansiones, templos y monumentos. Me viene a la mente la enorme cantidad de mansiones alrededor del mundo donde habitan en amplios cuartos una gran cantidad de zapatos o bolsos carísimos, pero ningún ser humano. Me quedo con la duda si son del tamaño suficiente para contener los vacíos que varias personas tienen. Si no cuidamos el ego se puede volver un monstruo.

Pero hay una buena noticia, sucede que **nuestro EGO, no es nuestro verdadero yo**, de hecho nuestro verdadero yo es inversamente proporcional al tamaño de nuestro EGO, sin embargo y la mayor parte de nuestra vida hemos permitido que el ego controle nuestro vehículo de 5 velocidades, así que debe llegar un día en el que usted declare su independencia y le quite todo el poder que inconscientemente le ha conferido.

Declaración de independencia

No podemos continuar con una vida anclada y dependiente de los mismos fantasmas que nos hemos inventado, esos molinos de viento que todos los días nos traen de un lado para otro, ajetreados y estresados muchas veces sin sentido, persiguiendo cosas o personas que nos quitan libertad y claridad para pensar con inteligencia.

Es por ello que debe llegar el día y el mejor de todos ¡es hoy mismo! Para salir a la calle o a la montaña más alta y gritar con todas nuestras fuerzas que a partir del día de hoy, rompemos esas cadenas, salimos a reconquistarnos y somos independientes.

Así que como declaración final realizamos un documento que lo ponga en evidencia. Si usted desea y le es útil hacer esto más formal, haga un pergamino donde escriba bajo su propia versión de carta de independencia yo en lo personal alguna vez escribí:

Mi declaración.

A partir de hoy he decidido independizar mi felicidad de todos los apegos y necesidades que yo mismo he creado, así que soy y seré feliz, tenga o no tenga dinero, tenga o no tenga, salud o el afecto de esas personas que tanto desearía tener, si consigo o no el proyecto por el que tanto me esforcé igualmente decido que soy y seré feliz.

No deseo continuar colgando mi felicidad de ninguna eventualidad, por lo que agradezco hoy y cada uno de mis días todas las razones evidentes que tengo para tomar lo que merezco. Sonreír y descubrir en cada día un regalo, porque soy tu hijo Dios y por tener la fortuna de ser yo mismo.

Así que a partir de hoy y que pase lo que pase yo decido ser feliz y ese es un regalo que solo yo me puedo dar.

Atte. Marco Antonio Jaime.

***

Es también recomendable escribir una carta a nuestro ego para que le quede claro cuál es hoy nuestra decisión.

Carta a mi ego.

Respetable EGO, Ha llegado el momento de decirte, que a partir de hoy DIA_____ MES_____ AÑO _____,Yo _____Mismo tomaré las riendas de mi vida, pues me has metido en muchos problemas y yo lo he permitido porque he creído siempre en ti, pero ya NO MÁS.

Recordaré siempre que existes y te tendré presente, pero no permitiré de nuevo que tomes las decisiones que más convienen para mi verdadera felicidad.

Esta es hoy mi decisión y es con carácter de irrevocable.

Resumiendo el contenido de este capítulo podemos ver que mantenernos en nuestro estado Alfa es posible si sabemos manejar adecuadamente la transmisión de 5 velocidades de nuestras ondas cerebrales y tomar la conducción de nuestra Mega Maquinaria Mágica.

¿Podemos conseguir eso mismo con las empresas o equipos que dirigimos?

Si somos capaces de comprender el valor único de cada persona y que cada uno de ellos se convierta en la mejor versión posible de sí mismo. Podemos construir mejores equipos, y es que esto tiene una lógica organizacional muy simple, solo podemos tener organizaciones de alto desempeño si construimos equipos robustos y solo podemos conseguir eso cuando trabajamos en un adecuado desarrollo individual.

No hay duda que solo de esa forma podemos lograr empresas altamente productivas con gente feliz.

5. Sinfonía Cerebral
(uniendo todas las piezas)

Una vez que hemos revisado la complejidad de esta **Mega Maquinaria Mágica** que ha evolucionado desde dentro hacia fuera en esa estructura que refleja cada una de las etapas por las que ha pasado y que durante siglos, miles de científicos han intentado entender. Esa masa gelatinosa, arrugada como nuez, de vista no muy atractiva y casi desagradable que puede caber en la palma de nuestras manos, codificada en miles de millones de células, capaz de procesar una infinidad de datos diariamente por sus interconexiones.

Con hambre de contemplar y deducir el universo y al mismo tiempo dar valor a lo simple, otorgando sentido y conexión con lo que se elige amar.

Darnos cuenta que podemos conocer y aprender a manejar ese mágico telar, que representa cada uno de sus conectomas y por medio de un engranaje o trasmisión de 5 velocidades ir haciendo nuestra historia, fincando nuestro destino todos los días decidiendo cual será nuestra próxima versión o la siguiente aventura que forje nuestro legado y nos proporcione felicidad y plenitud.

Y es aquí donde se encuentra nuestra mayor responsabilidad de conocernos cada día más, para dirigir mejor nuestra propia vida y nuestras organizaciones para tener mejores cuentas que entregar, porque nunca sabemos todo lo que somos capaces de desencadenar cuando decidimos sacar el mayor provecho posible de nuestro gran potencial.

La mayoría nos quejamos del mal que han hecho tantos personajes malos en la historia. El increíble dolor que causó a la humanidad la existencia de personajes como; Adolfo Hitler, Osama Bin Laden o Pablo Escobar.

Pero pocas veces nos detenemos a pensar el enorme legado que recibió la humanidad por la existencia de personas que a su paso por la vida dejaron para siempre huella y de cómo la existencia de un solo personaje puede transformar el mundo para siempre, pensemos algunos ejemplos como el de Jesús de Nazaret que después de dos mil años ha impactado a miles de millones de personas y que lo seguirá haciendo por miles de años más.

Ese valioso legado de figuras como Mahatma Gandhi, Martin Luther King, el aporte único de Tomas Alba Edison, Albert Einstein, Steve Jobs. En fin, miles de personas que como todos nosotros tuvieron limitaciones pero que al atreverse a vencerlas nos han dejado su herencia.

Si al cuidar nuestro legado estamos siendo conscientes de que no somos un mero accidente que apareció en este mundo y lo que somos capaces de desencadenar con nuestro aporte único. Entonces estamos listos para desarrollar esas habilidades que requerimos para conducir nuestra vida a su máximo nivel.

¿Cómo se maneja este vehículo?

En este capítulo mostraré cómo es que podemos aprender a manejar todo esto que a la vista es tan complejo, pero que puede ser simple si le damos a cada cosa su espacio.

Haré un breve recuento de todas nuestras riquezas. 5 cerebros o conectomas, 5 memorias y una trasmisión de 5 velocidades.

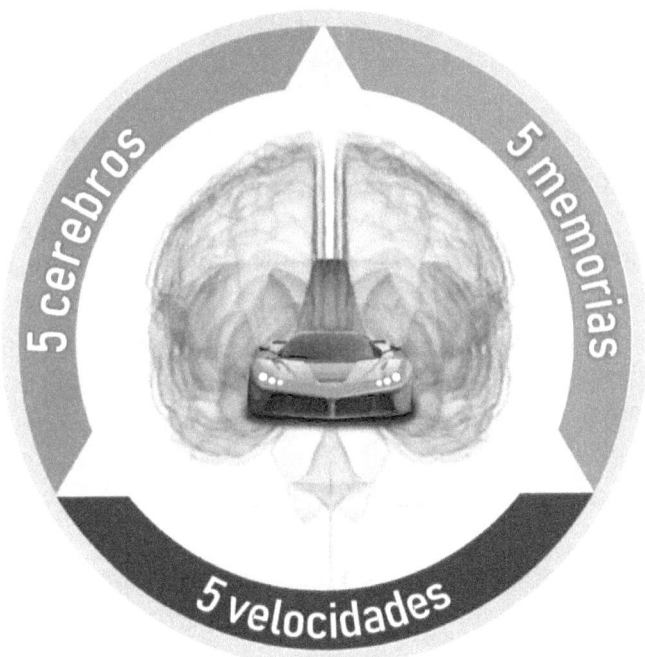

Resumen

El cerebro cognitivo o intelectual aprende mediante una fuerte dosis de atención, estudio, experimentación y entrenamiento. Razona, procesa y decide de una forma lógica y estructurada, después esa información la guarda en una memoria mediante patrones de repetición mediante los cuales dichas conexiones se fortalecen y se convierten en aprendizaje que va a la memoria de largo plazo, al cual luego le llamamos habilidades, destrezas o competencias.

De acuerdo a los expertos necesitamos unas 10,000 horas invertidas en esos patrones de estudio, entrenamiento y repetición para decir que somos expertos en algún tema o hábiles con una destreza.

Si usted desea aprovechar al máximo su capacidad cognitiva debe entonces dedicar tiempo al ejercicio de su mente en aquello que usted más quiera aprender. Ejercitar su memoria mediante juegos o ejercicios que a usted le agraden.

Por otro lado cuando hablamos de nuestro **sistema límbico o cerebro emocional**, la lógica de aprendizaje es totalmente diferente y también los archiveros de memoria que destinamos para guardar o discriminar esa información que recibimos de forma sensorial porque las imágenes y colores, olores, sabores, sonidos o sensaciones que percibimos se procesan desde cada una de las 37 trillones de células de nuestro cuerpo conectadas a este sistema.

La diferencia sustantiva es que todo que recibimos y procesamos con la inteligencia racional siempre espera una lógica y exige un proceso de comprobación como por ejemplo; saber que 3 + 3 son 6, que China tiene más población que Puerto Rico o que la tierra gira alrededor del sol.

Pero en la inteligencia emocional, todo pasa a otro nivel, ¡imagínese usted! Se dice que si nuestro ojo fuera una cámara fotográfica tendría una resolución de más de 570 megapíxeles, cuando la mejor cámara hasta hoy conocida procesa las imágenes con una resolución de unos 36. Tenemos más de 120 millones de células retinianas lo cual nos percibir hasta 10 millones de colores.

Tenemos más de 1000 receptores olfativos con los que podemos percibir hasta 50,000 olores diferentes y distinguir de forma instantánea aquello que nos agrada o no.

Tenemos más de 60 millones de receptores sensoriales para darnos cuenta de forma inmediata del clima o de lo que nos causa dolor y felicidad. Nuestro corazón late más de 110,000 veces al día sin percatarnos y respiramos más de 23,000 veces.

¡Somos una maravilla! que procesa más información sensorial de la que somos capaces siquiera de comprender con nuestro cerebro racional, aun así nos empeñamos en creer que aprender es llevarle información solo al intelecto y descuidamos el desarrollo de nuestra inteligencia emocional.

Definitivamente nuestro cerebro emocional tiene una forma diferente de asimilar, aprender y archivar información. La ventaja de este sistema es que resulta más fácil después acceder a la memoria emocional que a la del intelecto. Aprender a desarrollar la inteligencia emocional y la de nuestros equipos es definitivamente una prioridad.

Por otro lado nuestro **"cerebro reptiliano",** que bien podríamos llamarle "nuestro ángel de la guarda" pues todo el tiempo nos cuida y permanece en constante vigilancia para protegernos. Se conoce con ese nombre porque deriva del hecho que el cerebro de un reptil es dominado por el tronco encefálico y el cerebelo, que controla el comportamiento y el pensamiento instintivos para sobrevivir y esa es su función principal, entonces este cerebro no funciona de manera intencional sino de forma inconsciente.

Escuchamos un trueno fuerte y pegamos un brinco, observamos a una persona que nos gusta y se activa nuestras hormonas o feromonas, y hasta dicen las mujeres que sienten mariposas en el estómago. Percibimos peligro y se enchina nuestra piel o empezamos a sudar.

Ese instinto de sobrevivencia si no lo hemos educado, propicia que aprendamos a mentir, a engañar o atacar a otras personas. Así que es altamente conveniente que aprendamos a domarlo y eso solo es posible ejercitando nuestro carácter mediante la formación de la voluntad.

Me atrevo a proponer de manera personal que el centro de mando de todo nuestro sistema o **Mega Maquinaria Mágica** es ese cuarto cerebro ubicado dentro de nuestro corazón. Es decir el **Neuro Cardio**. Los neurocientíficos mencionan que solo atendemos como prioridad aquello que nos agrada, lo que nos hace sentir especiales e importantes ya sea para nosotros mismos o para alguien.

Es en ese cerebro donde quedan impregnadas nuestras experiencias más memorables pero también donde se activa con mayor velocidad *la escala de prioridades*. Por esa razón si nosotros educamos a nuestro cuarto cerebro estamos listos para tomar mejores decisiones o al menos las que más nos acerquen a conseguir esa felicidad personal que todos deseamos.

Nuestra capacidad de elegir, el manejo inteligente de nuestra libertad y la capacidad de amar es algo que nos hace absolutamente diferente de los demás seres sobre la faz de la tierra, es lo único que realmente puede transformar nuestra vida y sacarnos del estado más salvaje.

Es esa capacidad de amar, la que nos lleva a salir de nosotros y vincularnos con otros y en lugar de protegernos a nosotros mismos, presos en nuestro reptil, somos capaces de proteger a otros y de hacer algo por ellos, y cuando eso sucede hemos rebasado la línea de la vida hacia la verdadera trascendencia y felicidad.

El corazón es entonces el gran activador de todo lo que nos mueve a ser nuestra mejor versión posible. Pero también es el detonante principal de las mayores tragedias cuando una mala formación centrada en el ego y no en el verdadero amor se apodera de alguien que luego quiere jugar a ser dios.

Someten pueblos enteros, asesinan a sangre fría a todo el que les estorbe para lograr sus propósitos, roban, matan, engañan y tristemente muchos de ellos se convierten en políticos o lideres con graves consecuencias para los pueblos que apostaron su reptil a ese tipo de personas.

Formar en el amor verdadero se vuelve entonces una prioridad que merece y ha merecido tratados enteros por personas más calificadas que yo para hablar de ello. Pero es una línea delgada la que puede confundirnos. Para entenderlo de forma simple; *el amor verdadero es cuando salgo de mí para entregarme a los demás desinteresadamente. Mientras el ego es cuando quiero que todos los demás me entreguen lo mejor de ellos.*

Los que somos cristianos aprendimos que los pecados capitales; como la ira, la gula, la avaricia, la lujuria, soberbia, pereza y envidia. Son un monumento al ego y la persona que vive dentro de ellos, viven en un barril sin fondo donde no podrá jamás encontrar felicidad.

Solo saliendo de nosotros mismos somos capaces de educar al corazón para compartir, agradecer, respetar, ser generoso, moderado y dar más de lo que me piden. Solo con personas así se pueden desarrollar, personas extraordinarias, equipos de alto desempeño y empresas exitosas.

Con esto no estoy diciendo que no se proponga metas materiales u objetivos que mejoren su propia vida. Educar el corazón es querer lo que queremos con todas nuestras fuerzas pero no tener apego hacia ello. Ser capaces de ver más allá de nuestras narices y escuchar con atención la melodía de los demás.

Me sorprendió una entrevista que le hicieron a Jack Ma, el fundador de Alibabá acerca de su propia experiencia de vida, habiendo sido un joven que difícilmente podía encontrar trabajo y como el mismo dice, aceptaban todas las solicitudes, menos la mía. Un buen día tuvo éxito y ganó un millón de dólares lo que lo hizo sentir poderoso, cuando gano 100 millones de dólares se sentía un dios, pero cuando ganó mil millones de dólares entendió que ese dinero no era de él. Recordó que había en el mundo millones de personas que como él, nadie les tenía confianza para darles un trabajo.

Es mediante esa capacidad de mirar fuera de nosotros mismos que podemos fortalecer vínculos y conexiones basadas en buena fe, desarrollar lazos fuertes, plenos de confianza mutua y construir un ***cerebro colectivo*** robusto, un ***conectoma social*** donde el bien común es posible. Sin la relación con otros no es posible ser viables, desarrollados, ni avanzados.

Esa evolución social de estirar y aflojar entre el bien propio y el colectivo nos ha llevado a buscar el equilibrio y la convivencia en paz. Pero cuando la historia un día nos pone del lado de las victimas donde muchos pierden para que pocos ganen se generan resentimientos sociales. Ese tipo de experiencias pueden llegar a cegar a una sociedad entera a tal grado que para salir de ellas, las víctimas se unen, arman revoluciones donde quedan como saldo más víctimas inocentes.

Hay también pueblos enteros que han evolucionado con relaciones sociales constructivas que los han posicionado ejemplo de desarrollo para otras sociedades.

El ingrediente principal para que estos cambios colectivos sucedan es el liderazgo. Lo mismo sucede con las empresas que desean desarrollarse y crecer, van a sufrir resistencia al cambio por personas que se sienten víctimas, por lo que sacar a las personas y equipos de su zona de confort es un verdadero reto.

6. Caja de velocidades o Neurotransmisión NP5

Como ya lo mencionamos, nuestro cerebro puede ser comparado con un vehículo potente de 5 velocidades entonces es importante conocer cómo manejarlo y para ello presentare cómo es que funciona su caja de velocidades **NP5** o *Neurotransmisión Power Five*

Imagen de ejemplo.

Pero usted desea saber si esta caja de velocidades es de transmisión manual o automática, porque los neurocientíficos y especialistas como **Sigmund Freud** desde principios del siglo pasado y los actuales dan un enorme peso a la **mente subconsciente** para explicar porque somos como somos o decidimos lo que decidimos. Es decir que la mayoría de las decisiones las tomamos sin pensar, cuando realizamos compras o elegimos un lugar para ir a divertirnos.

Si esto fuera sólo así, podríamos decir que la caja de velocidades es automática e inconsciente y que irremediablemente estamos programados por nuestros propios conectomas para funcionar de una forma predecible, lo cual tiene mucho de cierto. Pero no podría ser sólo así, porque entonces ¿Dónde está nuestra libertad, carácter o disciplina y cómo podría formar en mi vida nuevos hábitos o dejar viejos anclajes que en definitiva no me sirven?

Debe entonces existir entonces la posibilidad de explosionar el potencial sináptico por nuestra propia voluntad, cambiar nuestros patrones de aprendizaje, madurar las emociones de forma intencional, educar nuestro reptil y también el corazón para volvernos capaces de edificar mejores relaciones que nos brinden una versión más conveniente y renovada de nosotros mismos cada día.

Siendo así, nuestra transmisión o caja de velocidades debe ser de tipo **"dual e inteligente"**. Automática para los procesos rutinarios e inconscientes como respirar, digerir, latir o hasta comprar, pero manual para forjar nuestro destino y tener la capacidad de reinventarnos cada día, capaz de procesar y moldear las decisiones que tomamos con cada uno de nuestros 5 cerebros y elegir en la medida de lo posible las ondas cerebrales que más me sirvan en cada momento y a eso le llamaré **Neurotransmisión Power Five NP5.**

Observemos que cuando tomamos control de procesos que de forma natural son automáticos como los de respirar o meditar para elegir el tipo de pensamientos que deseamos atraer a nuestra mente, tal como lo enseña el yoga, mejora nuestro desempeño de forma notoria y finalmente aseguro que sin ejercer esa libertad de manejar manualmente nuestra transmisión no existiría la *plasticidad cerebral* un tema que trataremos en los siguientes capítulos.

He aquí entonces algunas recomendaciones para manejar de forma más adecuada nuestra caja de velocidades **NP5**.

Procedimiento inicial para un mejor desempeño.

1. Encienda su sistema cerebral.
2. Alcance su estado alfa.
3. Conéctese con su verdadero yo.
4. Autoestima y liderazgo.
5. Escala de desempeño óptimo (capítulo 7)

1.- Encienda su sistema cerebral

Aunque mientras dormimos existen muchos procesos inconscientes, la mejor recomendación para encender el cerebro es asegurarnos que hemos tenido un adecuado descanso. Cuando activamos las ondas Delta a su nivel adecuado nos estamos preparando para tener una jornada con mente abierta, pues las ondas cerebrales que se generan en este estado son las que tienen una mayor amplitud y se relacionan con el sueño o descanso. Si usted por alguna razón no logra dormir o descansar pida ayuda de un especialista.

Podemos conseguir esa paz inicial para arrancar nuestro día si despejamos la mente y ponemos un poco de orden en las cosas que nos rodean, es importante que lo hagamos incluso desde un día antes porque siempre *el desorden es detonante de estrés y ansiedad.* Aunque también reconozco que nuestro estilo de vida muchas veces nos levanta de la cama "antes de despertar" porque ya tenemos que preparar a los niños para llegar a la escuela o porque es día de junta y el tráfico que nos espera será muy pesado.

De cualquier forma, aprender a poner orden en las cosas que debemos realizar, dar a cada cosa su tiempo y prioridad despeja mucho nuestra mente y le permite estar abierta para calentar motores y activar nuestra jornada.

Pasamos a un segundo nivel de calentamiento es decir a la onda Theta si nos preparamos emocionalmente para esperar un buen día, agradeciendo al creador por el día maravilloso que nos espera y programando nuestra mente para dar lo mejor de nosotros, con la mejor actitud. Si a esto además agregamos una dosis de ejercicio o una rutina de respiración. Vamos avanzando bien.

Activar adecuadamente esta onda nos puede ayudar a ser más positivos, creativos y afectivos, ampliar nuestra capacidad de generar soluciones a las situaciones que sabemos podríamos enfrentar. Una vez que hemos relajado nuestra mente y tenemos el aviso de que la pista de despegue esta lista para nuestro viaje, podemos iniciar el día subiendo al estado alfa.

2.- Alcance su estado Alfa

Como ya hemos abundado en algunas estrategias para llegar a este estado, por ahora me limitare a darle 8 recomendaciones para mantenerse en este estado.

a) Sonría.
b) Observe lo afortunado que es.
c) Sea agradecido.
d) Otórguese recompensa.
e) Ofrezca afecto genuino.
f) Haga algo por los demás.
g) Prográmese para el éxito.
h) Levántese cuando caiga

a).- Sonreír.

Es el feedback facial que le recuerda a nuestra cara que podemos estar felices y es la forma más simple de empezar a tomar el control de nuestra caja de velocidades. Lo invito a hacer e ejercicio, sonría de la forma más franca que pueda intentando recordarse algo que le hace feliz. Si está cerca de sus hijos o la persona que ama, regálele una sonrisa y se dará cuenta que es algo mágico, si está usted en su vehículo, sonría a otro conductor, tal vez piense que está loco pero también sonreirán.

Esto le hará sentir bien incluso si va en el metro o por una calle llena de personas. Sonría aun si se encuentra solo en su sillón o cama. Le recuerdo la frase de Marína Buzalli, ¿el pájaro canta porque es feliz, o es feliz porque canta?

b).- Observe lo afortunado que es.

Mientras usted amanece con todos esos pendientes en su cabeza para el día de hoy, se dará cuenta que millones de personas hoy, no tuvieron la oportunidad de comer, que otros viven en guerra, que millones huyen de sus países, que otros están enfermos y muchos más hoy dejaran esta vida.

No deseo sonar fatalista pero sé que pocas veces vemos lo afortunados que somos y como ya mencione en párrafos anteriores, lo que más nos hace sentir infelices es esa lástima que sentimos por nosotros mismos, así que lo más realista que podemos concluir es que somos verdaderamente afortunados.

Esto es fácil de decir, cuando todo nos va bien, pero cuando nos toca estar del lado desafortunado bien podríamos justificarnos y pensar que ahora si merecemos que los demás nos tengan lástima. Le comparto una experiencia.

El primer día que llegue al Centro de Rehabilitación Infantil Teletón, con mi hija Vanessa en brazos para recibir atención y esperar que algo se pudiera hacer por ella para recuperar sus capacidades, me di cuenta al entrar que había niños de menos de un año, ciegos, otros sin brazos y algunos más con varias cicatrices en su cabeza por haber recibido decenas de cirugías.

Usted adivina lo que en ese momento pensé. "mi hija no tiene nada comparado con lo que estos niños han tenido que pasar" y aunque ya me sentía afortunado por el regalo que Dios me dio con mi hija Vanessa, en ese momento sentí que otras personas tenían mayores pruebas que yo para sentirse afortunados.

c).- Sea agradecido.

Caemos tanto en la rutina de nuestras vidas que damos por sentado que todo lo que tenemos es algo que merecemos, sin embargo quiero compartirle la forma en la que inicio mis programas de Negociación Inteligente y es con un planteamiento acerca de lo que poseemos.

Solo poseemos en la vida dos tipos de cosas:

1.- Las que nos han sido dadas
2.- Las que hemos negociado.

En ese programa de negociación me concentro casi al 100% en observar lo que hemos negociado o podemos negociar a lo largo de nuestra vida, pero para esta ocasión deseo invitarle a pensar todo lo que recibimos y que además es gratuito.

Muchos de nosotros, sobre todo los varones que no hemos aprendido o aplicado la equidad en el hogar, dormimos en una cama que pocas veces vestimos porque alguien más lo hace, comemos un desayuno que otra persona prepara, nos bañamos en un baño que otra persona limpia y nos vestimos con ropa que tal vez otra persona tuvo que lavar.

Sin mencionar otras cosas que como regalo tenemos; la misma vida, el afecto de la gente, nuestra familia y hasta el sol de un nuevo día. Tantas cosas que si fuéramos consientes seriamos más agradecidos y estaríamos listos para comenzar cada día con el pie derecho, dar gracias y sonreír. Y eso en nuestro lenguaje es activar las ondas Alfa y las ondas Theta.

d).- Otórguese recompensas

Regálese un chocolate, un helado, un caramelo y si ha logrado una meta hasta invítese a comer ese platillo exquisito, existe una razón emocional por la que comemos algunas veces sin hambre es que mientras lo hacemos no nos angustiamos. Por definición, comer es una respuesta antagonista de la ansiedad, al igual que el propio sexo.

Si quiere llegar más lejos cómprese virtualmente la casa o el auto de sus sueños, los estudiosos de la materia relacionan esto con la dopamina; y neurocientíficos como Olsen descubrieron ya en el año 2011 que el este tipo de acciones activa las mismas regiones cerebrales que algunas drogas.

e).- Ofrezca afecto genuino.

Al poco tiempo de que mi padre murió, me di cuenta que a mis 17 años de edad jamás le había dicho a mi padre. "Papá... Te amo o te quiero". Podría excusarme pensando que no se estilaba mucho en ese tiempo hacer eso. Sin embargo decidí que no pasaría un día más sin decirle a mi hermosa madre, lo mucho que la quería.

Mi madre acostumbraba a despertarse antes de las 5 de la mañana para irse a misa, pero siempre pasaba por donde yo dormía que era una especie de habitación improvisada que conectaba a la cocina donde ella hacía sus primeros quehaceres.

Así que un día tempranito al escucharle pasar por donde yo dormía, le hable y le dije ¡mamá! Te amo. Ella se sorprendió como pensando… ¿se sentirá bien mi hijo? Y solo se limitó a decirme ¡yo también, hijo! Al día siguiente hice lo mismo y así seguí mucho tiempo, pero me di cuenta que al poco tiempo todos mis hermanos le decían lo mismo.

Mi madre murió en el año 2011 y aunque no tuvimos herencia económica, si desparramó todo su amor sobre nosotros al grado que desde hace años cada semana nos vemos para cenar o comer todos los hermanos, siempre con gusto y dispuestos a prolongar ese afecto que recibimos como herencia.

f).- Aprender a compartir.

Todos queremos ser amados y sentir que le importamos a los demás o que somos especiales, pero pocas veces nos detenemos a pensar que debemos dar afecto y que este debe ser gratuito. Esto también es mágico, porque en la medida que nos damos a los demás, se nos regresa ese bumerang de forma multiplicada.

Una persona que perdió a su hija por una enfermedad que acabó con su vida a una edad muy temprana logró encontrar sentido a su pérdida gracias a que se decidió a visitar y ayudar a los niños que padecían la misma enfermedad que su hija.

Y vayamos más a fondo, en el mundo empresarial, nadie puede tener éxito si no logra conectar con el dolor y las necesidades de los demás. Compartir y conectar es lo que nos hace exitosos, desarrollar la capacidad de ser los mejores resolviendo problemas reales de la gente. Ninguna mercadotecnia tiene sentido cuando no resuelve nada a nadie.

g).- Prográmese para el éxito.

Hay una frase de Henry Ford que me convence absolutamente del poder que tenemos de dar órdenes a nuestros cerebros y dice así "Si crees que puedes hacerlo, tienes razón, si no crees que lo puedes lograr también tienes razón".

Theodore Roosevelt decía también "Si crees que puedes, ya estas a medio camino".

Grandes hombres que con su ejemplo demostraron que es importante programarnos para creer que nuestras metas siempre será posibles aunque como ya mencionamos nos vamos a enfrentar a 4 temores auto saboteadores.

- Temor al fracaso
- Temor al rechazo
- Temor al ridículo
- Temor a éxito.

Sin embargo esos temores son fantasmas que nos hemos inventado nosotros mismos y que podemos vencer cada día más fácilmente si relajamos nuestra mente y nuestro corazón.

h).- Levántese cuando caiga.

Si ha llegado una ola que logre sumergirlo en un estado que para nada puede contribuir al desarrollo de su verdadero potencial, le hago tres recomendaciones.

- Aprenda a nadar como experto.
- Lleve siempre salvavidas
- Pida ayuda.

- **Aprenda a nadar como experto**. Si usted se vuelve surfista las olas le parecerán divertidas pero solo se pueden adquirir ese tipo de habilidades cuando hemos sido revolcados una infinidad de veces, así que esas experiencias serán parte de la misma diversión y simplemente se vuelven "una mancha más al tigre".

- **Lleve siempre salvavidas.** Si usted no sabe surfear, pero quiere entrarle al mar, procure tener siempre cerca algo de dónde agarrarse. En mi caso siempre me agarro de Dios y procuro lleno de confianza que se haga su voluntad. No siempre me gusta mucho su voluntad pero confío que por ese momento es lo mejor que me pudo haber pasado.

- **Pida ayuda.** Cuando las personas se rodean de un buen círculo de amigos o personas que les aman, tienen mayor posibilidad de salir bien librados de las batallas más duras. Alguna vez le dije a mi hija Gabriela. ¡Hija! Apréndete una sola palabra y siempre saldrás adelante y esa palabra es; ¡AYUDENME! Amigo lector, algunas veces debe dejar de hacerse el fuerte y pedir a gritos ayuda, se dará cuanta que eso lo volverá más sabio y más humilde. Si esto le parece poco, un estudio reciente demostró que las personas que más años viven son la que tienen vínculos más fuertes.

3.- Conéctese con su verdadero yo.

Este paso para mejorar de forma significa nuestro desempeño cerebral implica declarar nuestra independencia como ya comentamos y tomar el volante de nuestro propio vehículo guardando una distancia respetable del nuestro influyente y berrinchudo ego, en la medida de lo posible desconectarnos de él.

Para que esto sea más fácil debemos emprender la aventura de desarrollar una *auténtica autoestima*, basada en el respeto y reconocimiento por la grandeza de lo que somos, de nuestras capacidades y potencial único. Eso se llama EL PODER DE SER UNO MISMO. Algunos de nosotros gastamos más tiempo buscando modelos a seguir, que en explorar nuestra esencia. *Sin un conocimiento profundo de nosotros mismos, no existe buena autoestima.*

Cuando logramos poner en su lugar al ego y resaltar a nuestro verdadero yo, crecerá por consecuencia la seguridad en nosotros así como la sensación de que somos valiosos. Cuando mejoramos la percepción de nuestras propias cualidades, es difícil que una tempestad emocional se apodere de nuestra valía o nos saque de control.

4.- Autoestima y liderazgo.

"Aquí yace un hombre que supo rodearse de hombres más hábiles que él"

*Así reza el epitafio de Andrew Carnegie uno de los industriales más influyentes de origen escoces en los Estados Unidos, que durante toda su vida creyó fielmente en que los líderes buenos son aquellos que se olvidan de su "yo" propio y dejan paso a los demás.

El egocentrismo en las organizaciones es uno de los mayores males que afectan no sólo a la toma de decisiones si no al desarrollo de la propia empresa. Mientras nos preocupamos por desarrollar y alimentar nuestro ego, nos olvidamos de mirar el entorno e ir más allá de nuestros propios intereses.

El ego es como una tela que nos nubla la vista y no nos deja ver con claridad lo que tenemos frente a nosotros y cuando dejamos de pensar únicamente en nuestro beneficio y vemos el de los demás esa tela desaparece dejándonos llegar a todo de manera más sencilla* *María Allende Fernández.2012*

Si una persona no ha logrado desarrollar una buena autoestima, no es recomendable que dirija equipos de trabajo pues con toda seguridad se convertirá en un tirano o tal vez, en el cuello de botella más grande que impida el desarrollo de Equipos de Alto Desempeño.

La mayoría de equipos que fracasan en mucho se lo deben a un pésimo liderazgo o relación que privilegió el ego de uno o varios integrantes.

Cuando observamos el estilo de liderazgo de algunos líderes autoritarios que han centrado en su persona las decisiones políticas, económicas y sociales de un país, es entonces que entendemos el desenlace que este tipo de liderazgo ha tenido en sus países y la tristeza de ver grandes migraciones de seres humanos que lo único que buscan es una forma de vida digna.

Si usted ya tiene la fortuna de dirigir equipos y se le confíen proyectos se dará cuenta que al desarrollar su propia autoestima su equipo se beneficia. Así que con la información que ha recibido a lo largo de este libro espero pueda dimensionar la enorme tarea que tiene de ayudar a los demás a conseguir la mejor versión posible y darse cuenta del enorme privilegio que tenemos en nuestras manos todos los que lideramos para hacer eso posible.

7. Escala DOC
(Desempeño Óptimo Cerebral)

El influyente psiquiatra sudafricano Joseph Wolpe quien generó un gran impacto en la terapia conductual, fue uno de los primeros que desarrollaron una escala para comprender y remediar la ansiedad, sobre todo aquella que padecían los soldados tras regresar de una guerra. Junto con otras teorías desarrollo la escala EUSM (Escala de Unidad Subjetiva de Malestar) útil para comprender como a lo largo de una jornada las personas pueden pasar por diferentes estados de conciencia de forma desapercibida, su dedicación al mundo de la psicología perduró hasta casi pocos meses antes de su muerte en 1997.

Este influyente doctor es para mí un referente porque considero que su escala contribuye a comprender que nosotros podemos hacernos cargo de nuestras conductas si logramos percatarnos oportunamente del estado emocional o de conciencia en el que nos encontramos. Por lo que si usted desea consultar la escala EUSM del Doctor Wolpe puede revisar en internet para más información.

Sin embargo hay otra escala que desarrollé y le quiero proponer. Le he llamado "Escala DOC" Desarrollo Óptimo Cerebral, es una propuesta que tiene como objetivo facilitar el camino para que usted pueda manejar mejor su potente vehículo y con una **actitud todo terreno.**

Como se puede observar, en la imagen se reflejan dos tipos de indicadores. Por un lado los que tienen que ver con nuestras ondas cerebrales Alpha, Theta, Delta, Beta y Gamma y de forma resumida que es lo que sucede cuando cada una de ellas toma el control.

Escala de Desempeño Óptimo Cerebral

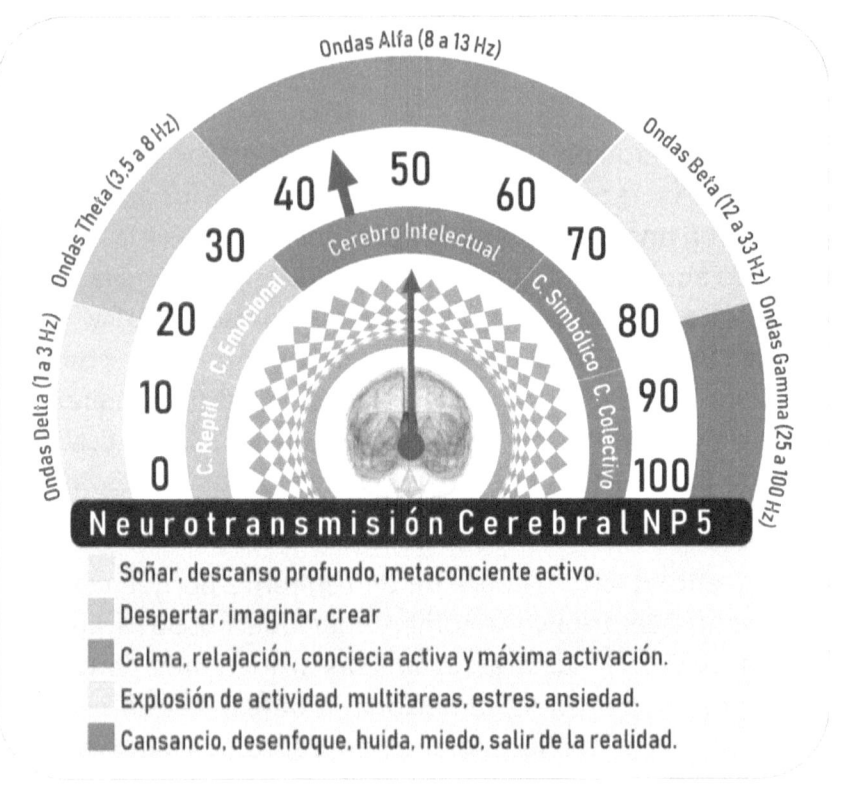

Elaborada por Marco Antonio Jaime Mercado.

En un segundo plano y en esquema más pequeño vemos en imagen de la escala DOC, reflejados cada uno de nuestros 5 cerebros o conectomas, que no necesariamente funcionan al ritmo de los primeros indicadores. Es decir aunque se muestra en la misma imagen, cada uno de ellos mostrará por separado su propio estatus, al igual que en un vehículo donde el marcador del nivel de combustible es independiente al de la velocidad.

Así pues, usted podrá estar en su estado Beta, pero podrá tener encendido su cerebro reptil, emocional o intelectual indistintamente.

Esta escala DOC es una propuesta que nos ayudará a comprender las señales que nuestro propio sistema nos manda y cuál es su significado de acuerdo al nivel que el marcador nos señala.

Podemos ver en la escala y de forma resumida cual sería nuestro estado en cada uno de los indicadores desde el 0 al 100. Pero también observamos en ella, cada uno de nuestros 5 cerebros que entenderemos mejor con la matriz de la escala DOC en las imágenes que siguen.

MATRIZ DE LA ESCALA *DOC* EN UN ESTADO ENCENDIDO

Matriz de resultantes escala DOC	Metaconciente		Área de control personal			Área de rescate
	Delta	Theta	Alfa	Beta		Gamma
C. Intelectual	Ansiedad	Análisis	Organización	Desconcentración		Saturación
C. Emocional	Angustia	Voluntad	Decisión	Condicionamiento		Apatía
C. Reptiliano	Miedo	Animación	Activación	Cansancio		Confort
C. Simbólico	Desconfianza	Confianza	Amor	Desinterés		Indiferencia
C. Colectivo	Rencor	Inclusión	Negociación	Desacuerdo		Conflicto
	Sin Control		Actitud todo terreno			Manejo de Crisis

Esta primera matriz es muy ilustrativa y nos permite observar las posibles resultantes si cada uno de nuestros cerebros estuviera todo el tiempo **en un estado encendido**.

Solo para validar que se entiende mencionare tres ejemplos de interpretación

1.- Posicionarse en un estado Delta con el cerebro intelectual encendido le provocará ansiedad, porque aunque usted esté dormido, su mente está trabajando en pendientes que no terminó de resolver. Si pone el botón de apagado en ese cerebro el resultado es descanso y sueño reparador. Pero si el que está encendido es el cerebro reptil experimentará la sensación de temor o despertará asustado, si este se encuentra apagado tendrá un sueño tranquilo.

2.- Si se encuentra en un estado Alfa con el cerebro simbólico activo, usted está haciendo lo que ama o amando lo que está haciendo y si el que está encendido es su cerebro colectivo usted estará negociando, liderando o trabajando en equipo.

3.- Pero si su jornada se ha prolongado más allá de lo previsto y experimenta cansancio, lo más seguro es que haya pasado a un estado Beta y el Reptil esté tomando el control. Si el que se encuentra encendido es el cerebro intelectual, experimentará desconcentración y comenzará su estrés y saturación.

Pongamos algunos ejemplos de la vida cotidiana.

Su cerebro intelectual y la báscula le convencen que debe hacer ejercicio pero en su escala DOC se encuentra en un nivel de entre 10 y 20. No le "subirá el agua al tinaco" y lo más seguro es que prefiera seguir dormido. Es sumamente difícil sacudirse la pereza y es que de hecho hay personas que se levantan a las 7 de la mañana pero realmente despiertan hasta después de la 1 de la tarde. Andan zombis todo el día.

Puede suceder también que tenga toda la actitud y ese día se despierte y se levante al mismo tiempo. Se programa para hacer su rutina de ejercicios, pero ve su teléfono inteligente y observa que tiene un mensaje de una persona que a usted realmente le importa, pidiéndole que le llame. Con toda seguridad más de alguno de nosotros perdería el ritmo y el control de su escala DOC. Realizará la llamada y muy probablemente pierda otro día de ejercicio. ¡Con este día ya van 5 años!

Se podrá dar cuenta que por alguna razón existen días que usted trae toda la actitud pero algo pasa en el camino que lo saca de su intención inicial, tal vez una mala noticia o imprevisto. Si tenemos presente nuestra neurotransmisión y cada indicador de nuestra escala DOC será más fácil tomar el control y no permitir a nuestro cerebro esas inercias nocivas.

Entendemos entonces porque a los deportistas de alto desempeño se les aislar para que tengan descanso y concentración, si pensamos en un tenista, cuando sale a divertirse y a disfrutar de su juego tendrá un mejor resultado que cuando sale estresado con la presión de ganar. Ese ejemplo nos muestra como las batallas más complicadas son la que libramos con nuestro propio cerebro.

Vemos con estos ejemplos cómo nuestras ondas cerebrales y cada uno de nuestros cerebros funcionan de forma similar a una caja de velocidades, que nuestro desempeño personal no es sólo cuestión de inteligencia cognitiva pues como usted puede observar hasta este punto del **Manual para manejar adecuadamente nuestra Neurotransmisión Cerebral Power Five. NP5.** Solo hemos visto estrategias para dicha activación comprendiendo que el cerebro solo toma las decisiones de forma autónoma y arbitraria cuando lo dejamos en automático. Pero las grandes decisiones que impactan en nuestro diseño las hacemos desde nuestra voluntad que es la máxima expresión de la libertad, es decir, todo sucederá si nosotros lo queremos, pero no sucederá si perdemos el control, nuestro ego se interpone o ignoramos que somos capaces de hacer este manejo por nuestra cuenta.

Es importante resaltar que en esta transmisión dual, no es tan malo que nuestro sistema siga funcionando de forma automatizada en muchas de sus funciones y decisiones, pero el hecho de saber que podemos educarlo para que no reaccione bruscamente o se salga de control, nos pondrá al volante de nuestra vida.

8. Bloqueos cerebrales

Nuestra capacidad cerebral es casi ilimitada pero la energía disponible y la atención no lo son y tal vez usted ha notado estos bloqueos cerebrales que se generan de forma inconsciente, le pongo algunos ejemplos para poder validarlo.

Se encuentra leyendo plácidamente su libro favorito en la comodidad de un sofá, pero en ese momento un mosquito empieza a zumbar por sus oídos, usted intenta seguir leyendo pero el animalito continúa rondando a su alrededor hasta que se posiciona sobre su mano o su cara. ¿Qué hace usted? Con toda seguridad deja de leer y si logra pegarle un manotazo y matarlo luego se limpia la mano y la cara, pero dejó de leer. Eso se llama bloqueo cerebral pues su cerebro sensorial tomo el control sobre su cerebro intelectual aunque sea de forma temporal.

Pongo un ejemplo personal, disfruto los días que puedo ir a jugar frontenis (un juego similar al tenis pero con paredes al frente y los lados) con un grupo de amigos, de por si no soy muy talentoso pero me defiendo y noto que pierdo la concentración en muchos de los siguientes casos; si hay personas platicando, si ya entrados en el juego un punto se marcó mal, si tengo ganas de orinar, si hay alguna llamada pendiente de un cliente que dijo que a esa hora llamaría. En fin, soy muy sensible a distraerme con el ruido y siempre que hay ruido en mi cabeza, la concentración se esfuma.

Cuando una persona pierde a un ser querido, lo más recomendable es que en su trabajo, le concedan algunos días para vivir su duelo y aún después de esos días le tomará tiempo regresar al 100% de su concentración y desempeño porque su cuarto cerebro; el *neurocardio* habrá tomado el mando sobre los demás en esa situación.

Otro tipo de bloqueo puede darse cuando usted intenta formar a sus hijos adolescentes en los temas y principios que a usted le resultan convenientes, pero se da cuenta que sus amigos influyen más que usted en ese tipo de temas. Ahí podemos notar como las conexiones del cerebro colectivo de sus amigos y el emocional de él, son más fuertes que las suyas y más aún, si usted pretende que su hijo razone hablándole al intelecto, mientras ellos le hablan a sus emociones.

Desafortunadamente existen muchos ejemplos de bloqueos cerebrales con consecuencias muy graves, podemos tomar cualquiera de Investigation Discovery, este canal se especializa en mostrar casos casi en su mayoría de asesinatos. Cuando no son por dinero, son por celos enfermizos, conseguir sexo o droga y otras tantas barbaridades centradas en el caprichoso EGO.

Veamos ahora también esos bloqueos positivos. Es sorprendente observar como uno de nuestros cerebros toma el mando sobre nuestro raciocinio, emociones y capacidad de sobrevivir por salvar a los que amamos. Pongo un par de ejemplos de ello.

El 14 de agosto del 2017 un hombre muere abrazando a su hijo por salvarlo de una bala, que termino en su cabeza. Su intelecto seguramente le dijo que eso era peligroso, sus emociones se encendieron y su reptil le hizo tener miedo y reaccionar, pero su corazón le dijo que primero debía proteger su hijo.

Hace casi 19 años una mujer pierde la vida por salvar la de su hijo en el parto, ahora él es un joven que valora y hace honor al sacrificio de su madre. Era esposa de un gran amigo mío, sé que toda su vida esa entrega será por ellos altamente valorada.

Casos de mujeres que en medio de tormentas de nieve congeladas por el frio logran salvar a su bebé bajo el cobijo de sus brazos aunque ellas hayan muerto. Cuando el neurocardio toma el mando podemos entender miles de historias donde ese dichoso bloqueo nos hace ver de qué estamos hechos.

Benditos esos bloqueos que nos ayudan a decidir lo que es y será siempre más importante en la vida cuando nos hemos preocupado por formar con cuidado nuestra inteligencia y conciencia.

Usted mismo se da cuenta y podrá reflexionar con muchos otros ejemplos de cómo esa transmisión cerebral ha sido diseñada para que podamos conseguir si nos lo proponemos, nuestra mejor versión posible. Seres humanos que amamos y entendemos que existen las prioridades y eso nos vuelve felices.

9. Autonomía e interdependencia.

Es importante resaltar algo que al principio mencionamos de forma superficial y es que cada uno de nuestros 5 cerebros tiene 2 cualidades importantes; la primera es **autonomía** y la segunda es **interdependencia** por eso es que decidí tratarlos por separado y resaltar su importancia ya que cualquiera de ellos ante alguna situación, podría tomar el mando.

Autonomía significa que para ejercer sus funciones no requiere pedir permiso a ningún otro cerebro. Esto fue una condición que yo quise establecer para poder otorgarle categoría de "cerebro" o *sistema independiente de inteligencia y conexión, útil para procesar información y tomar las decisiones que a su ámbito competen.*

Interdependencia es esa función biyectiva, al mismo tiempo inyectiva y sobreyectiva, es decir donde cada elemento es diferente pero se relaciona con todos o cada uno de los demás y que aunque cada uno tenga su propio centro de mando, requiere de los demás cerebros para conseguir su máximo desempeño. Que sería de nosotros si aún con nuestra gran inteligencia y poder de nuestra *Mega Maquinaria Mágica* estuviéramos aislados de un cerebro colectivo.

Una vez explicado esto detengámonos a revisar la relevancia de estas características y sobre todo la utilidad que esto puede tener para desarrollar organizaciones de alto desempeño si aunque sea por ensayo, a cada uno de ellos lo dejáramos al mando.

- *Intelectual al mando.*

Si en nuestra vida o en nuestras organizaciones establecemos la supremacía del intelecto ubicado en la corteza cerebral y ponemos al mando al cerebro cognitivo podríamos tener las siguientes ventajas y desventajas.

Ventajas.

Sería una organización analítica, informada, contabilidad al día, proyecciones y análisis financieros de precisión, con decisiones basadas en el comportamiento actual de los mercados comparado con las estadísticas de periodos anteriores. Para ingresar a esa empresa se debe cubrir al 100% con los requisitos de puesto ampliamente detallados en una descripción y un perfil. Existen manuales de procedimientos, cada uno de los sistemas ha sido certificado y cumple con las normas y estándares internacionales, si somos clientes de esa empresas estaremos seguros que un CRM nos dará puntal seguimiento y el sistema se asegurará de pedirnos la opinión.

¡Vaya, yo quiero esa empresa! Cualquiera podría decir, pero vamos más despacio, en mi experiencia de consultor he notado que este tipo de empresas tienen ciertas desventajas que a la larga pueden ser muy peligrosas y que sus mismas bondades pueden ser causa de su mal desempeño.

Algunas desventajas.

Son demasiado rígidas, acartonadas y cuadradas, llega a ser para muchas personas un auténtico martirio cada jornada en ellas. No hay espacio para la creatividad, la innovación o iniciativa y cuando lo hay es apegado a una metodología o un proceso establecido, conozco algunas que hasta prohíben tener vínculos afectivos con personas dentro de la empresa pues solo se puede hacer ahí lo que el procedimiento dice, la gente se vuelve un número y la despersonalización del aporte se esfuma junto con la motivación.

Así que no es de sorprender porque en Japón ha aumentado el número de suicidios de personas que tienen resuelta su vida económica y un futuro profesional brillante. ¿De qué sirve una persona si es tratada como máquina?

- ***Sistema límbico al mando. (Cerebro emocional).***

Casi inmediatamente llega a mi cabeza el recuerdo de personas que son altamente emocionales y esperan resolver todo con ánimo y positivismo. Son personas muy humanas, comprensivas y sensibles.

Ventajas

Las ventajas de una organización con el cerebro emocional al mando es que cuidarán al máximo la comunicación asertiva, el respeto por la gente y el derecho a que cada uno exprese sus emociones de forma franca y abierta, intentarán ser justos y centrar la empresa en función de la persona. Son empresas muy humanas, creativas y abiertas al cambio.

Ya sé que otros más dirán ¡yo quiero una empresa así! Donde todo sea "padriuris" todos la llevemos bien y mis mejores amigos y amigas sean los que trabajan conmigo ¡siiiiii!

Desventajas

Pero este tipo de empresas he encontrado que tienen varias desventajas, privilegian la intuición sobre la planeación, son muchas veces desorganizadas o improvisadas y al tener que manejar todas las cosas con tanta asertividad y cuidado de no herir las emociones. Se pierde el enfoque en los objetivos y aunque el nivel de satisfacción es alto, el nivel de logros y de compromiso casi siempre es bajo.

- *El reptiliano al mando.*

Las personas y organizaciones que han puesto al mando de todas sus decisiones al sistema reptil, se distinguen casi siempre por tomar decisiones que les brinden seguridad y evitar a toda costa los riesgos.

Son altamente intuitivos y tienen un olfato de elefante y eso que los elefantes tienen 1948 recetores olfativos. Las organizaciones con este perfil cuentan con sistemas de protección y alarmas, inversiones a largo plazo no importa si el rendimiento es menor, ellos van a lo seguro.

Para muchas personas pueden ser una buena opción sobre todo si buscan una plaza duradera de trabajo y solo preocuparse de que llegue su quincena o el día de su jubilación. Muchas instituciones de gobierno tienen ese perfil.

A diferencia de países asiáticos o europeos la mayoría de empresarios y sistemas financieros de nuestros países latinoamericanos son de perfil reptiliano. Solo hacen nuevas inversiones en aquello que está probado que funcionan y nuestros bancos le prestan dinero solo a quien tiene una garantía. Pongo un ejemplo.

En el año 2007 presente un proyecto a un grupo de coreanos que muy apenas me había presentado mi buen amigo Ricardo, el proyecto les encantó y en menos de un mes llegaron para decirme que Eximbank de Corea, su banco de exportaciones e importaciones, había autorizado un crédito para mi proyecto de 100 millones de dólares. Ya que mi proyecto era una cadena de tiendas de autoservicio con un sistema de mercadeo solidario y justo.

Mi primera expresión fue; ¿cómo creen que a mí me van a soltar todo ese dinero sino tengo con que garantizar que les pueda pagar? Y ellos tan tranquilos me dijeron, la garantía son las mismas tiendas que vamos a construir. Yo me fui de nalgas para atrás y no lo podía creer.

Cuando finalmente quisimos aterrizar el proyecto, el banco de México dijo que para poder ingresar ese capital al país requería tener aquí un fideicomiso porque el dinero debía tocar baranda con un banco mexicano. Usted ya adivinará que fue lo que sucedió, pero si no lo adivina le diré que el banco de mí país si me pidió garantía que un banco extranjero sin conocerme, para nada me pedía. Así de bien funciona nuestro sistema.

Las empresas que son dirigidas por su zona de seguridad, hacen negocios seguros y tienen asegurado un cierto nivel de éxito. Pero indudablemente tienen muchas desventajas.

Desventajas

Al elegir operar desde su zona de seguridad, de miedo, de confort o pánico dejan ir una infinidad de oportunidades que los demás aprovechan a manos llenas, pero lo más peligroso es que sin darse cuenta están comprometiendo el futuro de la empresa.

Ya revisamos en un principio la caída de los grandes gigantes, empresas multimillonarias de talla internacional que ahora no son más que un efímero recuerdo y todas esas caídas son de empresas que eligieron operar dirigidas por un sistema cerebral de tipo reptiliano.

- *Neurocardio al mando. (Cerebro simbólico)*

Este tipo de cerebro le da sentido a las cosas, pues se concentra en aquellas que realmente nos importan, desde ese centro de mando que hay en nuestro corazón.

Son el tipo de organizaciones donde se busca que cada persona tenga un plan de vida con propósito. La responsabilidad social es una de sus banderas más importantes, así como convertirse en el mejor lugar para trabajar, (*Best Place to Work*) la filosofía y valores se vuelven la columna vertebral de este tipo de organizaciones y se busca que todo mundo haga lo que realmente disfruta. El lema que describe al Teletón México dice "El amor y la ciencia al servicio de la vida" y yo que soy un beneficiado de esta gran institución puedo notar que lo hacen realidad y lo muestran con gran profesionalismo.

Este tipo de organizaciones establecen prioridades y en muchos de los casos en lugar de invertir hacen desinversiones para terminar haciendo solo lo que agrega valor y cuando hacen inversiones son realmente selectivos.

Desventajas.

La primera desventaja es que de este tipo de empresas aún existen muy pocas, la mayoría se debate entre las primeras tres. Pero aún en esas pocas se debe procurar alentar la innovación, la escalabilidad y la creatividad.

Pueden llegar a ser rígidas, perder oportunidades por ser demasiado selectivas o dejar de hacer mucho bien, al concentrarse demasiado en pocas cosas.

- *Cerebro colectivo al mando.*

Desde mi punto de vista este es mejor el cerebro que podría quedar al mando en las organizaciones, porque es el único se escapa de nosotros y comprende la empatía, el liderazgo, el trabajo en equipo, la comunicación asertiva, es también el que permite la gestión del talento y el mejor aporte de cada uno de los miembros de un equipo.

Los cerebros colectivos han hecho productivos a países enteros como Japón y Corea del Sur, cuando destruidos por la guerra tuvieron que levantarse. En Corea del Sur les llamaron Chaebol o grandes conglomerados que volvieron esa economía altamente competitiva y ahora vemos sus marcas por todo el mundo Samsung, Daewoo, Hyundai, Kia etc.

En el Japón a estos cerebros colectivos les llamaron Sogo Shosha. El "milagro japonés" no ha sido casualidad, sino resultado de una estrategia conjunta de las sociedades de comercio, el Estado y los industriales generaron esas grandes sociedades que han desempeñado un papel fundamental y son la clave para que aquel país tenga una fuerte presencia en la organización de un mundo globalizado.

Mientras ellos siguen creciendo, en varios de nuestros países se sigue promoviendo la economía con un enfoque político e individualista, pulverizando los apoyos sin un impacto global y privilegiando liderazgos personales de individuos que cada año crece su riqueza o cambian de orden en la lista de los más ricos de un país o del mundo.

Las organizaciones de alto desempeño así como los equipos se construyen con cerebros colectivos, pero debemos tener cuidado con esas dinámica de trabajo por lo que debemos considerar algunas desventajas o riesgos.

Desventajas o riesgos.

Cuando predomina el cerebro colectivo, podemos dejarnos llevar por la novedad de una moda que en el mundo esté marcando la pauta o bien por una psicosis colectiva en los mercados.

Cuando por ejemplo Donald Trump anunció que no quería más un tratado de libre comercio con México. El mundo empresarial casi se paralizó y si a eso le sumamos el pánico que se originó en los empresarios por la posible llegada al poder de quien ahora *"ya es su gran amigo"* Andrés Manuel López Obrador como presidente. Meses previos pude constatar a lo largo del país como esa psicosis de incertidumbre afecto a muchos sectores.

Concluyo con lo que ya afirme, un cerebro colectivo que active las inteligencias individuales y gestiones lo mejor de cada una de ellas, es la plataforma ideal para formar organizaciones ALFA altamente productivas pero además felices.

Y de forma individual, con un cerebro colectivo fuerte somos capaces de salir adelante en la vida de cualquier situación. Porque son nuestra familia, amigos, es la gente que nos ama y para la que somos especiales.

Por eso las comunidades y asociaciones civiles como la Cruz Roja, Alcohólicos Anónimos o el Teletón, son tan importantes, porque nos ayudan a ser capaces de lograr cosas que con nuestras propias fuerzas serían imposibles de lograr.

La mezcla perfecta.

La magia de todo esto es que aunque cada uno de nuestros cerebros funciona de forma autónoma, todos ellos reciben o le aportan algo a los demás y eso es interdependencia.

Sin el aporte de un cerebro intelectual en lugar de construir civilizaciones y organizaciones de alto desempeño, seriamos una simple manada, un grupo de primitivos siguiendo nuestros instintos. Incapaces de mejorar y de reinventar el mundo espejeando lo que vemos.

El poder de nuestras emociones es lo que nos hace vivos y felices, disfrutar cada momento, cada color y experiencia, no tendría sabor la vida si este importante aporte de nuestro sistema límbico perfectamente organizado y con tanto potencial receptivo.

Sin la velocidad de rayo y la capacidad de reacción que tiene para protegernos nuestro cerebro reptil, estaríamos en peligro permanente, pues de aquí a que razonamos que ahí viene el león y nos puede comer, ya somos bocado.

Desde luego sin amor como capacidad principal del Neuro Cardio o cerebro simbólico, seriamos una vasija vacía, personas sin prioridades, unas veletas de vida que van para donde el viento las lleve, sin espíritu de servicio ni empatía por el dolor de los demás. Y por lo tanto sin capacidad para resolver problemas o generar soluciones, ser eficaces curando lo que nos lastima como humanidad, como dijera San Pablo, "Si yo no tengo amor, nada soy".

Sin cerebro colectivo fuerte no seriamos capaces de solucionar problemas comunes o ponernos grandes retos, construir redes o mercados, haber llegado a la luna o conquistar el Everest. Solo con equipos fuertes el resto vale la pena.

Gracias a esta **mezcla perfecta** de nuestros 5 cerebros podemos obtener el mayor provecho de su individualidad y conjunto, pero ¿Qué pasa cuando todo esto lo debemos convertir en un reto grupal, y esa sinfonía de cada uno de nuestros cerebros se debe poner en contacto con un equipo de trabajo logrando un adecuado manejo de esa Neurotransmisión Cerebral Colectiva?

10. Crear organizaciones ALFA es un reto cerebral

Si entendemos hasta este momento que una empresa, país, organización o familia son al final un **conectoma colectivo** de vínculos que se han formado a lo largo de muchos procesos voluntarios o involuntarios, entenderemos también que no existe una persona, empresa u organización que no se pueda moldear para mejorar y a eso se le conoce como neuroplasticidad o capacidad de cambio. Así que debemos aprender a hacer los ajustes necesarios de manera pertinente para conseguir su máximo potencial.

Nunca somos una versión terminada de nosotros mismos, ni de forma personal, grupal u organizacional, por eso los que nos hemos especializado en desarrollar organizaciones entendemos que la única cosa constante, es el cambio, pero como ya sabemos, nos vamos a topar con la resistencia natural al mismo.

Entonces ¿cómo podemos desarrollar una empresa o una organización de alto desempeño si no aprendemos a vencer estas naturales resistencias? Es por ello que debemos revisar las tres opciones más importantes de cambio.

Neuplasticidad aplicada

a) Inercia entrópica o Neuroplasticidad Pasiva
b) Cambio involuntario o Neuroplasticidad forzada.
c) Cambio Voluntario o Neuroplasticidad Activa.

Antes de explicar cada una de ellas, haremos un repaso a lo que nos dice la ciencia acerca de la Neuroplasticidad o plasticidad neuronal, esto nos ayudará a entender si es o no posible reaprender o regenerar procesos mediante nuevas conexiones que nos ayuden a moldearnos y de cómo nuestra capacidad de cambiar se debe a esa sinapsis desconocidas por la mayoría.

Comprendiendo que este libro llegará a un gran número de personas que no son neurocientíficos o especialistas en el tema, es que me atrevo a invitarle a leer con detenimiento este apartado especial tal vez denso pero breve para continuar mi planteamiento con un lenguaje más simple.

Como se produce la plasticidad neuronal.

La Neuroplasticidad, plasticidad neuronal, plasticidad neural o plasticidad sináptica, es la propiedad que emerge de la naturaleza y funcionamiento de nuestras neuronas cuando estas establecen conexiones de comunicación, esto modula la percepción de los estímulos tanto los que entran como los que salen del medio.

Esta dinámica deja una huella o surco al tiempo que modifica la eficacia en la transferencia de la información a nivel de los elementos más finos del sistema.

Dichas huellas son los elementos de construcción de nuestros conectomas que van definiendo lo que cada uno de nosotros somos, en donde lo anterior modifica la percepción de lo siguiente, esto significa que *una vez que las cosas cambian nada vuelve a ser como antes.* Observamos a continuación la información de este potencial de cambio y luego lo reflexionaremos acerca de nuestra capacidad para moldear estos procesos.

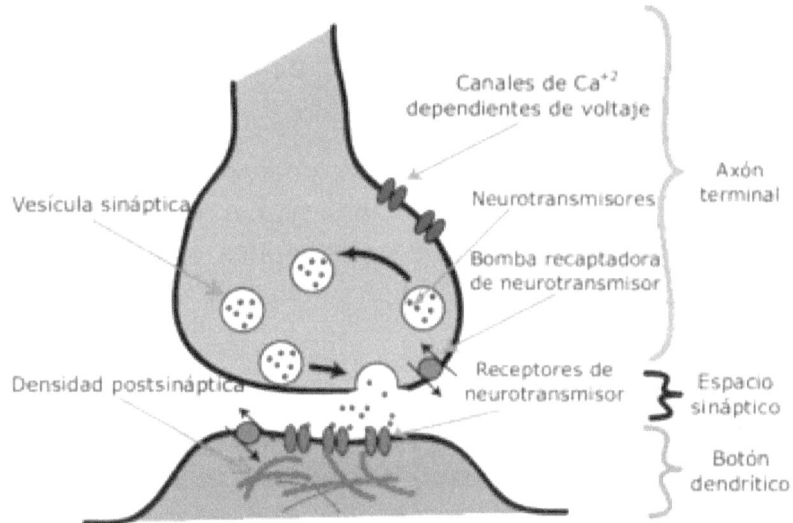

Propiedades de las neuronas.

Las propiedades de la neurona son electrolíticas, vienen dadas por la existencia de calcio y sodio en el líquido cefalorraquídeo, solución que envuelve a todo el sistema nervioso central y que por ende pone en contacto la parte externa de la célula con el resto del sistema homeostático.

El potasio se encuentra en el citoplasma que es la parte de la célula que rodea el núcleo limitada por la membrana exterior y es el resultado de la actividad metabólica de la célula. El potasio forma iones positivos, mientras que el calcio y el sodio lo hacen de forma negativa con respecto al potasio.

Impulso presináptico.

Cuando un impulso presináptico es decir (antes de la conexión) alcanza el umbral mínimo de disparo, una gran cantidad de iones de calcio se difunden a través de los canales de la membrana celular presináptica. Esto a su vez provoca un cambio de potencial entre el interior de la célula y el espacio sináptico, lo cual provoca que las vesículas sinápticas difundan a la membrana liberando moléculas en el espacio sináptico, denominadas neurotransmisores.

En la membrana existen ciertas estructuras proteicas denominadas canales iónicos. *La llave es la molécula que se acopla a ese receptor*. Finalmente, la célula postsináptica recibirá un tipo de información concreta que le indicará el tipo de tarea metabólica a realizar.

Según los mecanismos disparados por esta acción, pueden producirse cambios metabólicos y estructurales a corto o largo plazo, que modifiquen la fuerza de conexión de las dos neuronas y esto construye la memoria de corto o largo plazo y se llama "**Acción Ionotrópica**".

En rasgos generales, el efecto que se induce en el axón de la neurona como resultado de la despolarización de la membrana plasmática, se denomina potencial de acción, que recorre todo el axón hasta llegar a la vesícula presináptica; y la respuesta hiperpolarizante se denomina **potencial sináptico.**

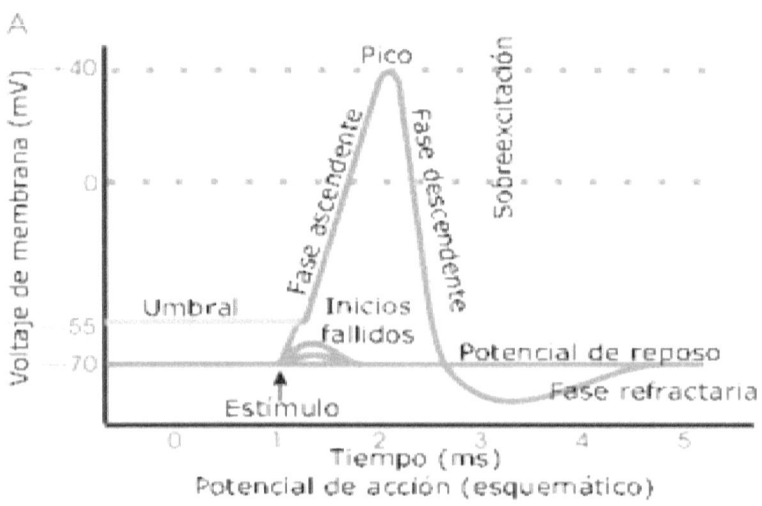

Potencial Excitador Postsináptico (PEPS)

El potencial excitador postsináptico ocurre debido a un potencial de acción en la **neurona presináptica**, la cual libera neurotransmisores en el espacio sináptico. Estos se acoplan a los receptores iónicos, los cuales actúan como canales, modificando el gradiente electroquímico.

Entonces el canal permite el paso de iones de sodio, haciendo más positivo el potencial de membrana, lo cual genera un impulso nervioso que se transmite a lo largo de la célula y del axón[2]

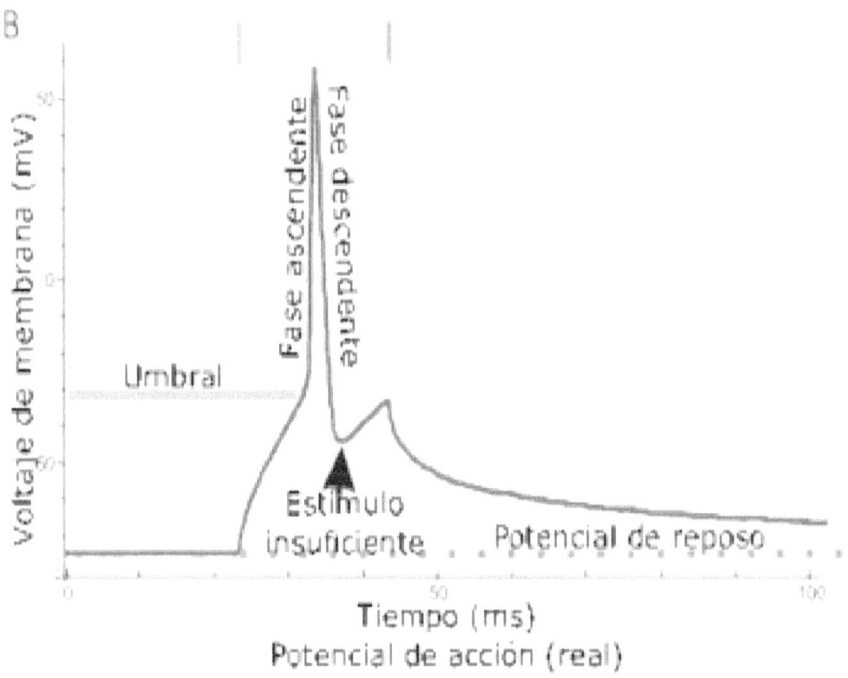

---

[2] https://es.wikipedia.org/wiki/Plasticidad_neuronal

Lo que acabamos de revisar para intentar explicar todo de una forma más sencilla es que cualquiera de nosotros tiene el potencial de cambio, es ese **potencial excitador** que podemos propiciar mediante los estímulos adecuados en nosotros mismos y los demás para facilitar el proceso de cambio.

Potencial Inhibidor PostSináptico (PIPS)

Pero el potencial de cambio también se puede inhibir. Contrario a los potenciales de acción, los potenciales sinápticos son de escasa amplitud y alcanzan tan solo algunos mV. El ácido y amino butírico (GABA) es un aminoácido no proteico, el principal neurotransmisor inhibidor en el sistema nervioso central no solo del ser humano sino también de mamíferos y plantas, desempeña el papel principal en la reducción de excitabilidad neuronal a lo largo del sistema nervioso.

En humanos, GABA es directamente responsable de la regulación del tono muscular, provoca la apertura de canales de cloruro, y estos se difunden hacia el espacio sináptico, provocando un disminución en el potencial sináptico o "apagando" la neurona.

Integración de la información.

Es el proceso por el cual las neuronas, gracias a las propiedades intrínsecas a su membrana, se hallan capacitadas para sumar distintas entradas excitadoras e inhibidoras y elaborar una respuesta en función de ellas.

Una sola neurona puede integrar entre 10.000 y 15.000 conexiones, todas procedentes de otras neuronas y/o células gliales. Si todo el cerebro cuenta con 100.000 millones de neuronas promedio, el promedio de sinapsis existente en un cerebro humano es de una simple regla de tres, cuyo número deja de tener significado en la escala humana.

Un total de: 1.000 billones de sinapsis (100.000 millones de neuronas promedio por 10.000 conexiones), un uno seguido de quince ceros.

Así que definitivamente nuestra capacidad neuronal es infinita, tal como la posibilidad de cambio que hemos revisado en todo este potencial creado por nuestras sinapsis.

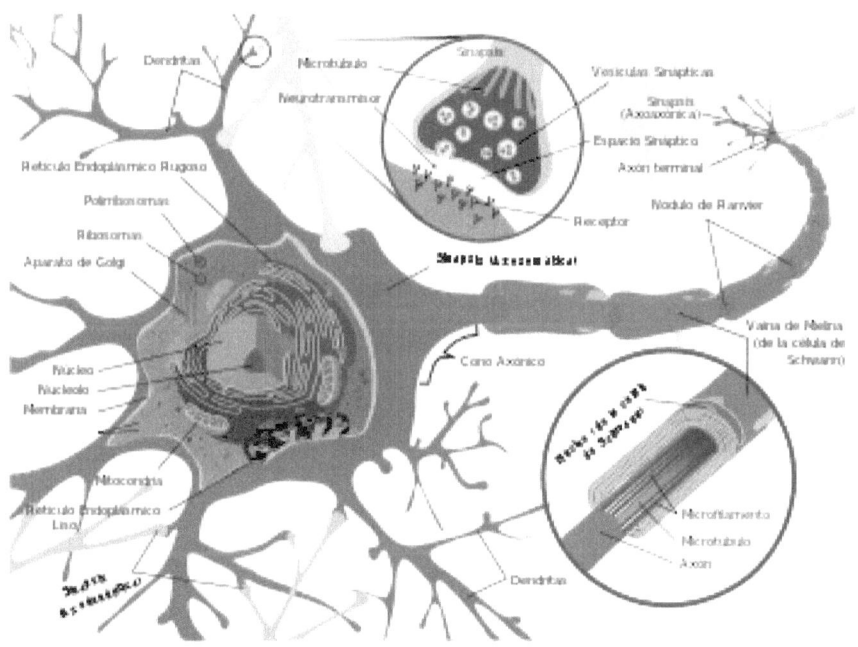

Disposición base de una neurona motora.

Ahora regresaremos y con términos más comprensibles para intentar entender como son cada uno de nuestros procesos de cambio.

a) Inercia entrópica o Neuroplasticidad Pasiva
b) Cambio o Neuroplasticidad forzada.
c) Cambio Voluntario o Neuroplasticidad Activa.

a) Inercia entrópica o Neuroplasticidad pasiva

Para entender este término le invitaría a pensar ¿Qué pasaría si usted abandona su casa por un año y nadie puede entrar a limpiar ni arreglar jardines o quitar polvo? De seguro su respuesta es que se deteriora.

El origen de la entropía es una medida que calcula la probabilidad de que ocurran cambios en un sistema en función de sus microestados pues es un sistema dinámico. Esa medida explica por qué, si ponemos un objeto caliente junto a uno frío, el frío se calienta y el caliente se enfría. La posibilidad de que ocurra al revés (que el objeto caliente se caliente aún más y el frío se enfríe aún más), es tan improbable que sencillamente nunca ocurre porque la energía tiende a expandirse.

Entender la inercia entrópica es darnos cuenta que existe una tendencia negativa hacia el desgaste y desequilibrio dentro de nuestro sistema al igual que existe en cualquier cosa del medio ambiente y que si no actuamos en él, perdemos capacidades de igual forma que un arroyo podría perder su cauce si durante muchos años ha dejado de llover.

El cambio no es optativo.

Esto significa que si usted no propicia cambios por su propia voluntad, su cerebro cambiará de todas formas, pero para deterioro y ese es el peor problema de las zonas de confort, que nos hacen sentir cómodos con nuestra propio descuido o desgaste cerebral, porque no cuesta trabajo y mientras el mundo avanza nosotros retrocedemos. Además sin darnos cuenta.

Durante la preparatoria fui maestro del equipo de barras paralelas y comparado con el resto del equipo era uno de los mejores. Las barras y yo éramos uno mismo. Subía, giraba, me paraba de manos, hacía volteretas, acrobacias etc. Pero terminó la preparatoria y deje de hacer esos ejercicios. Hace unos cuantos meses cumplimos 30 años de haber egresado de la ella y algunos compañeros nos reunimos para festejar y recordábamos con nostalgia esos tiempos, usted adivinará que si al día de hoy intento subirme de nuevo a esas barras sería para causar lástima.

La inercia entrópica es un suceso común en las organizaciones no solo empresariales sino de cualquier tipo y propósito. Alguna vez me buscaron de una congregación religiosa para solicitarme ayuda en un proceso de cambio y es que se dieron cuenta que en dicha congregación se ordenaban 3 sacerdotes al año pero se morían o se salían de ella al menos 5. Usted adivina que a ese paso su destino era desaparecer.

Y así hay cientos de empresas y organizaciones que son los últimos que se dan cuenta que están en proceso de deterioro o de muerte, metidos en la inercia entrópica.

Con frecuencia me invitan a empresas para mejorar sus ventas y en la mayoría de los casos han caído a niveles preocupantes por descuido de sus clientes, eso es inercia entrópica, porque si ellos no cuidan su mercado, dejan de buscarles o atenderles ellos harán lo que quieran y su ventas se desplomarán, eso es inercia entrópica.

En resumen; el cambio no es optativo, si usted no quiere cambiar y tomar el control, no se preocupe. La inercia entrópica lo cambiará a usted.

b) **Cambio involuntario o Neuroplasticidad forzada**.

Un gran amigo mío a la edad de 14 años laboraba en una empresa de forraje, era común en ese entonces que los adolescentes trabajaran y por circunstancias que no describiré, mientras él trabajaba y por un descuido humano, una máquina le corto el brazo derecho. Ya usted se imaginará el impacto que ese acontecimiento tuvo para su vida, su propia confianza y autoestima.

Cualquier podría anticiparse y pensar que el futuro de ese chico se volvería complicado y que su mejor salida podría ser la de la asistencia social o la de un joven mediocre. Pues ese joven tuvo que reinventarse y aprender a escribir con la mano izquierda, a vestirse con una sola mano y de manera forzada reaprender un nuevo estilo de vida.

Esa forma de asimilar su pérdida y decidir reinventarse lo llevó a ser al día de hoy un empresario ejemplar, exitoso y muy humano. Que presume el amor de su esposa como nadie he conocido y con una gran familia de la cual ya dos de sus hijos se han consagrado a Dios.

Existen millones de ejemplos de vidas ejemplares como la de Karol Wojtila que habiendo recibido grandes golpes moldearon su carácter y su destino eligiendo ser su mejor versión posible, así que amigo lector. Si usted no quiere cambiar no se preocupe, la vida nos tendrá preparadas suficientes razones para vivir en carne propia la Neuroplasticidad forzada. Porque nos dará golpes muy fuertes de los cuales podemos salir o no, reinventados.

c) Cambio Voluntario o Neuroplasticidad Activa

Desde luego lo mejor, es tener un plan de vida y saber exactamente qué es lo que realmente amamos o lo que nos apasiona y de forma voluntaria elegir ese camino fijando nuestras prioridades. Una vez elegido moldear nuestro comportamiento de forma coherente con lo que pesamos y congruente con lo que decimos.

En 1960 al presidente John F. Kennedy se le ocurre decir que antes de terminar esa década lograrían los Estados Unidos de América llevar a un ser humano a la luna y traerlo de regreso vivo a la tierra, a lo cual el director de la NASA James Edwin Webb, después de un año de búsqueda le contestó "No hay posibilidad, medio posible o tecnología para llevar a un hombre a la luna". El presidente Kennedy le respondió. Entonces ¡desarróllenla!

La Neuroplasticidad activa es nuestro mejor motor para enfocarnos en la vida, porque nos ayuda a simplificar lo que realmente vale la pena que suceda en ella y darnos cuenta de que podemos ser capaces de moldear la realidad y lograr prácticamente todo lo que nos propongamos.

A lo largo de mi carrera como consultor, experimento cada día como después de un adecuado diagnóstico de la realidad actual de una organización, llámese empresa, gobierno o asociación civil, puedo establecer con el equipo esa realidad deseada a la que el cambio propuesto nos puede llevar integrando la cartera de proyectos pertinente para que mediante un sistema de evaluación, seguimiento y acompañamiento se puedan lograr los objetivos propuestos.

Me atrevo a asegurarle que en la mayoría de los casos se ha logrado eso y más de lo que originalmente creíamos.

Entonces ¿cuál es el truco?, la respuesta es muy sencilla. Si sabemos manejar nuestra Mega Maquinaria Mágica, con su respectiva caja de velocidades o neurotransmisión cerebral y entendemos que "nada está terminado" que puede ser moldeado y rediseñado. Tendremos el potencial de transformar nuestra vida, nuestras empresas y nuestro mundo.

Conclusión:

Los cambios en nuestra vida, empresa u organización, no son algo optativo lo único que es optativo es la forma en la que deseamos que sucedan. Uno no puede decidir que no se volverá viejo o que el mundo se detenga para esperarnos a cambiar, la vida sigue su marcha y el mundo sigue cambiando.

Entonces necesitamos nuevos modelos de cambio y en el siguiente capítulo entenderemos como nuestras neuronas espejo, nuestra actitud y talentos, pueden simplificar ese proceso y ayudarnos a conseguir plenitud.

Neuronas espejo y neuro empatía.

Espero que en este capítulo pueda quedar más claro por qué Espero que en este capítulo pueda quedar más claro por qué afirmo que contamos con un quinto cerebro independiente y autónomo dentro de nosotros mismos, pero determinado y condicionado por nuestro entorno y vínculos. Y de cómo es que este cerebro tiene funciones tan importantes como cualquiera de los otros cuatro.

El neurólogo italiano Giácomo Rizzolatti nacido un 28 de abril de 1937 en Kiev (Unión Soviética, actualmente Ucrania), aunque él mismo se considera italiano ya que en diciembre de ese mismo año fue llevado por sus padres a vivir a Italia donde estudió medicina en la Universidad de Padua y ha realizado numerosas estancias de investigación en universidades americanas aunque investiga fundamentalmente en Italia.

En 1996 Rizzolati trabajaba con Giuseppe di Pellegrino, Luciano Fadiga, Leonardo Fogassi y Vittorio Gallese en la universidad de Parma, en Italia. Estos científicos habían colocado electrodos en la corteza frontal inferior de un mono macaco para estudiar las neuronas especializadas en el control de los movimientos de la mano: por ejemplo, asir objetos o ponerlos encima de algo.

Durante cada experimento de la corteza pre motora, registraban la actividad en el cerebro del simio mientras le facilitaban tomar trozos de alimento, de manera que los investigadores pudieran medir la respuesta de las neuronas a tales movimientos.

Así fue que, como ya ha ocurrido con muchos otros descubrimientos, las neuronas espejo fueron encontradas por una casualidad afortunada ya que al estudiar las neuronas motoras se dieron cuenta que no solo se activaban cuando el mono realizaba la acción, sino también cuando observaba que alguien más la realizaba. De esa manera y mediante más estudios con otras especies como las aves que mostraron tener comportamientos imitativos se detectó que también luego que los seres humanos mentalmente realizamos las acciones que observamos.

Se concluyó que existen neuronas en el individuo que "reflejan" el comportamiento del otro, como sí el mismo observador estuviera realizando la acción. De allí el nombre de "espejo" pues la evidencia neurológica sugiere la existencia de algún sistema de reflejo.

Este descubrimiento tuvo un impacto enorme en la forma de entender la empatía humana, casi comparable con el descubrimiento del ADN. El experimento de Meltzoff nos muestra como si a un recién nacido le mostramos la lengua, él bebe sacará la lengua. Eso también se le conoce como el ritmo "mu" un ritmo que se activa cuando uno actúa mientras otro ve actuar.

Si vemos que una persona cae y se golpea, nuestro cerebro asimila lo que esa persona debió sentir, si observamos a alguien bostezar, terminaremos muchos de nosotros bostezando, de la misma manera que si vemos al alguien sonreír, repetiremos interior o exteriormente la acción.

Estas neuronas espejo desempeñan una función importante dentro de las capacidades cognitivas ligadas a la motricidad y la vida personal pues hasta para tomar un objeto, requerimos ajustar el tamaño de la mano con el del objeto, es decir, fabricar el reflejo antes de producir la acción. Son estas neuronas también las que nos ayudan a decidir si algo nos sobre pasa y debemos sentir miedo o es inferior a nosotros y debemos proceder con toda tranquilidad.

Nos ayudan a desarrollar capacidades sociales, tales como la empatía (capacidad de ponerse en el lugar de otro) la imitación y la colaboración, de ahí que se le considere uno de los descubrimientos más importantes de las neurociencias en la últimas dos décadas.

Sin las neuronas espejo no sería posible la enseñanza aprendizaje, el liderazgo, la innovación, el diseño y tantas otras cosas como activar nuestras alarmas ante el peligro.

Tanto para las personas como las organizaciones incluso para las naciones este asunto es importante y digno de considerar porque nuestro conectoma colectivo es resultado de nuestros espejos y pongo algunos ejemplos de mi país, negativos y positivos.

Qué tipo de futuro nos esperaría si los maestros "espejo" en lugar de impartir clases se la pasan en la calle y más tiempo haciendo huelgas y manifestaciones que en aula escolar. Definitivamente y como ya lo dijimos "la cuchara sacará lo que hay en la cazuela". Los niños aprenderán que hacer todo lo que ven y que además pensarán que así debe ser.

Queremos que haya ciudadanos honestos, respetuosos y comprometidos pero nuestros espejos en casa, en la escuela o en la calle nos muestran que "el que no tranza no avanza" programas de televisión, como el del Chavo del 8, que aunque eran divertidos, durante décadas le mostraron a los niños que burlarse de los demás era algo gracioso y ahora no entendemos porque ha crecido el Bullying, ese tipo de violencia se vive en las escuelas.

En el ámbito de la cultura nos hemos vuelto tan abiertos que casi todo lo que a una persona se le antoje decir o expresar se le puede llamar cultura o arte y así tenemos canciones, películas, videojuegos, programas y un sinfín de contenidos que se albergan en la red y alimenta nuestras mentes, la mayoría de las veces como alimento chatarra, y así resulta difícil, sacar a muchos milennians de su zona de confort a la que le invierten horas enteras ya sea en las redes sociales o aparatos de realidad virtual, malgastando su talento o deformando su sano juicio para saber elegir en la vida o espejearse de otra forma y por consecuencia elevando su nivel de depresión, violencia, promiscuidad, vida fácil, violencia o suicidio.

Sin embargo también somos una gran generación y país solidario, esto lo hemos constatado en los acontecimientos trágicos, como los dos terremotos de 1985 y el del año 2017. Hemos hecho instituciones ejemplares para el mundo con gran calidad humana y de servicio que todos los días atienden a miles de personas vulnerables.

Tenemos creatividad de talla internacional y la prueba de ello es que en los últimos 5 años en las entregas del Oscar han sido premiados directores y creativos mexicanos.

Nuestra gastronomía es abundante, así como nuestra imaginación. Si usted amigo lector es de algún otro país, le invito a reflexionar, cuáles son esos espejos que hacen ser a su cultura, diferente a las demás y cuáles son esos rasgos que le hacen sentir orgullo y vuelven a su país un lugar inigualable.

Hoy tenemos más talento, mas ideas y más avances. Algo que no sucedía hace apenas unos 20 años es que tenemos la posibilidad de ser más universales gracias al internet y las redes sociales y que de forma inmediata nuestros espejos se han expandido a una escala global.

Autopoiesis.

La autopoiesis o autopoyesis (en griego: αύτο, ποίησις [auto, poiesis], 'a sí mismo; creación, producción') es un neologismo que designa la cualidad de un sistema capaz de reproducirse y mantenerse por sí mismo.

Este término fue propuesto originalmente por los biólogos chilenos Humberto Maturana y Francisco Varela en 1973 para definir la química de auto-mantenimiento de las células vivas. Una descripción breve sería decir que la autopoiesis es la condición de existencia de los seres vivos en la continua producción de sí mismos.

Como ya sabemos, tenemos en un sistema cerebral que se produce a sí mismo y su capacidad de crear nuevas conexiones es prácticamente ilimitada, de ello hemos hablado abundantemente en capítulos anteriores y esta cualidad es debida a la Neuroplasticidad. La autopoiesis también existe en muchos de nuestros órganos, nuestro hígado se regenera al igual que nuestra piel cuando nos hacemos una herida, el cuerpo puede curarse por el mismo, en algunos casos.

En las organizaciones también existe autopoiesis y este concepto podemos verlo reflejado en su capacidad de desarrollo autónomo lo cual significa que hay un potencial colectivo muchas veces desperdiciado. Permítame compartirle un ejemplo que viví como consultor de una empresa. Cuando presente al director general, el diagnóstico resumiendo los problemas que observamos en la compañía y que estaban impidiendo su desarrollo armónico, casi me hizo reverencia y comentó ¡qué buena información, es usted muy profesional! Yo solo le respondí que era lo mismo que su propio personal le decía todos los días", pero cuando viene alguien que cobra por decirlo, entonces le hacemos caso.

Si no integramos a las personas a la solución de problemas, no solo tenemos un enorme potencial desperdiciado, sino que también tendremos un equipo desmotivado e incapaz de asumir nuevos retos o responsabilidades de mayor nivel. De ahí la diferencia entre empoderamiento organizacional y obediencia ciega a un líder.

Si una organización es además un cerebro o conectoma colectivo, entonces entenderemos la importancia de gestionar el potencial de cada uno de los miembros de esa colectividad y de empoderar al equipo para que cada uno de ellos sea capaz de dirigir luego un equipo similar o mejor que el actual. Cuando eso sucede nuestra organización está preparada para crecer o clonarse y, esa es la base fundamental del desarrollo de toda organización.

11 . Neuromanagment Power Five

Mencionamos al principio que esto no se trataba de descubrir nuevas herramientas para la gestión individual, grupal u organizacional, porque la más poderosa ya la tenemos y es nuestra **Mega Maquinaria Mágica** cerebral. Pues bien, ya tenemos el manual que nos puede ayudar a gerenciar ese potencial, tal vez no sea perfecto pero es por ahora la versión más actual, así que sólo nos queda desarrollar las mejores habilidades para aplicarlo de forma óptima y especializada primero en nuestra propia persona y luego con los demás.

Pero entrar en contacto con otras personas para dirigir, influenciar, vender, negociar o establecer algún tipo de relación es quizá uno de las cosas más complicadas con las que me he encontrado. Cada cabeza es un mundo me mencionan los gerentes porque debes desarrollar un estilo gerencial casi personalizado.

Ese potencial estimulante para conectar y establecer sinapsis dentro de nosotros mismos es de por sí ya complejo, ahora imagínese hacer *click* con los demás. Hasta para enamorarnos o conquistar a otra persona debe existir una química, si por más que lancemos nuestro flujo estimulante hacia esa persona, no hay química, entonces no hay conexión.

La conexión es la base principal de las nuevas disciplinas tales como el Neuroliderazgo, Neuromarketing, Neuroaprendizaje y tantas otras que ahora son la novedad, debemos tener cuidado con estas olas de modismo porque habrá quién nos quiera dar gato en lugar de liebre.

El que solo sabe manejar el martillo todo le parecen clavos.

Me llamó la atención un video en internet que hablaba de Neuro Coaching, mi interés por presentarle a usted información valiosa y agotar todas las fuentes para ello, me llevó a observarlo de principio a fin.

Me di cuenta que lo había publicado una persona cuya especialidad era el Coaching y que también sabía un poco de Programación Neuro Lingüística. Todo lo que yo observé y de forma literal era el resultado de juntar estas dos disciplinas y decir al final que eso es el Neuro Coaching.

Le comparto que he leído y revisado con atención cientos de documentos, estudios y hasta videos que empiezan con la palabra neuro, por ejemplo, Neuroliderazgo, Neuromarketing,

Neuroeducación, Neuronegociación, Neuro Coaching etc. Me doy cuenta que la mayoría ha caído en la misma tentación. Juntan las dos disciplinas y al resultado le llaman *"NeuroAlgo"*.

Para gerenciar nuestros 5 cerebros, 5 memorias y 5 velocidades no basta la PNL, La terapia Gestalt, la psicología positiva, la hipnosis o la pedagogía. Ayuda saber todo eso y cada quien matará las pulgas como mejor le funcione.

Lo más relevante aquí es que primero requerimos comprender como es que funciona cada uno de nuestros 5 cerebros frente a cada circunstancia para tomar decisiones sea de compra, superación o de conquista amorosa. Entender su autonomía y su interdependencia biyectiva, como procesan nuevas conexiones y como es que se bloquean, así que amigo lector yo no quiero proponerle que estudie una disciplina más, lo que realmente deseo, es invitarle a que se fascine con la forma tan compleja y sorprendente que nuestro mágico telar nos convierte en lo que somos cada día y como es que nosotros lo convertimos a él en una mejor versión cuando tomamos el mando.

Intentemos descubrir desde este enfoque, el **Neuromanagement Power Five** y no es otra cosa más que la aplicación práctica de lo que hemos aprendido. Observemos algunas buenas lecciones que personas talentosas nos han enseñado. Aclaro que cada tema mostrado a continuación es solo un breve resumen del cómo se podría aplicar todo en algunas disciplinas pues la idea a futuro es que podamos usted y yo abundar en cada tema con un libro especializado.

Neuroliderazgo

John Maxwel en su libro de las 21 leyes de liderazgo asegura que la mayoría de los líderes surgen por inspiración, es decir por la influencia de otro líder y que siempre buscamos a quien asemejarnos.

En nuestro modelo cerebral lo que dice John Maxwell de forma tan atinada significa que debemos activar nuestras neuronas espejo para propiciar un liderazgo real, esto nos ayudará a establecer cambios reales y duraderos en nuestras organizaciones, y sólo será posible si conseguimos mejorar y cambiar de referentes.

Podemos verlo en la empresa y hasta en la propia familia, pues al cerebro le cuesta trabajo procesar vacíos, es decir; no tener un referente, así que donde no existe un líder o figura a quién seguir, aquello de vuelve caos, donde ninguna sinergia puede volverse posible.

Con un liderazgo sólido, las cosas realmente cambian porque por naturaleza seguimos a los que consideramos más fuertes que nosotros mismos ya que por nuestro cerebro reptil, buscamos un refugio que nos haga sentir seguros, y lo que más observamos en ese tipo de líderes antes de decidir si los convertimos en ese espejo de referencia, de acuerdo a Maxwell es uno o más de los siguientes elementos:

1. Carácter—quienes son.
2. Relaciones—a quienes conocen y quién los conoce.
3. Conocimiento—lo que saben.
4. Intuición—lo que sienten.
5. Experiencia—donde han estado.
6. Éxitos pasados—lo que han hecho.
7. Capacidad—lo que pueden hacer.

Si acercamos nuestra lupa a cada uno de las cualidades que propone Maxwell, veremos la presencia de cada cerebro reflejada en ellas. Así por el ejemplo en el carácter destacamos el cerebro emocional, en las relaciones el cerebro colectivo, en conocimiento el cognitivo, en la intuición el neurocardio, en la experiencia el reptiliano, en los éxitos pasados y en nuestra capacidad la mezcla de varios de ellos.

Por eso cuando el liderazgo es débil se refleja en el ánimo y la cohesión del equipo, porque no se da esa química ni conexión personal y es entonces que se debe cambiar a los débiles por líderes más eficaces. Es la única manera de transformar de forma duradera cualquier organización.

¿El líder nace o se hace?

La arquitectura básica del nuestro cerebro se desarrolla antes del nacimiento y la mayoría de las neuronas que una persona llegará a tener en su vida se produce a mediados de la gestación. Así que en el momento de nacer ya se han organizado, formando la corteza y otras estructuras importantes del cerebro.

Están presentes también los principales caminos de esa materia blanca que constituyen las redes cerebrales para el procesamiento de informaciones. Sin embargo, el desarrollo cerebral dista mucho de estar completo en el recién nacido ya que, después del nacimiento, las experiencias en cada uno desempeñan un papel cada vez más significativo en el modelado y la afinación de los principales caminos cerebrales y redes corticales que robustecerán nuestro conectoma e identidad.

Inmediatamente después de nacer, se produce un incremento espectacular del número de conexiones o sinapsis en todo el cerebro humano. Al cumplir el primer año de vida, el cerebro de un niño tiene casi el doble de conexiones si se lo compara con el de un adulto.

Esta sobreabundancia de conexiones y caminos gradualmente decrece a lo largo de la infancia, a medida que muchos de ellos son "podados" y desaparecen.

Diversos factores contribuyen a esta disminución, como por ejemplo la influencia de las experiencias. La actividad de un camino neural, determinada por la experiencia, decide si una conexión particular habrá de debilitarse o se estabilizará como parte de una red permanente.

Éste es un factor clave para la "plasticidad" del cerebro en desarrollo: su adaptabilidad respecto a la experiencia, que le confiere un valor inestimable para la supervivencia. Los cambios que se producen en la conectividad del cerebro también afectan las pautas que rigen.

Sin embargo una inmensa porción del crecimiento cerebral tiene lugar antes del nacimiento del niño pues ya desde el vientre de nuestra madre recibimos los estímulos para moldear nuestra vida y aunque de forma genética venimos equipados con muchas capacidades, es sin duda el resultado de nuestro entorno y espejos lo que puede determinar nuestro potencial de líder.

Así que antes de determinar si los líderes nacen debemos comprender, en que momento nacemos y por lo que aquí observamos, no es en el momento del parto de nuestra madre pues desde los primeros 25 días ya tenemos un cerebro y un desarrollo que nos marcará durante toda nuestra vida. *"Qué gran responsabilidad para quienes están definiendo políticas abortivas sin información valiosa"*.

Siendo así, nadie nace siendo líder, pues estos se siembran y se cultivan todos los días, hasta que se vuelven sólidos, independientes e influyentes, así que habría que entender también que el liderazgo requiere de un ecosistema o un medio ambiente adecuado para volverse posible, un cerebro colectivo robusto puede ser el campo ideal para cultivarlo.

Neuromarketing.

La aplicación de la neurociencia al mundo del mercadeo es muy reciente y creciente. *"Hay que venderle a la mente y no a la gente"*, afirman algunos. En el mundo del comercio, se requiere entender las necesidades, expectativas o preferencias de los demás y proponer soluciones novedosas no solo para ser más competitivos, sino que al hacerlo el mercado nos dará el respaldo que necesitamos para desarrollarnos mejor.

El mismo Phillip Kotler considerado padre de la mercadotecnia y desarrollador de los procesos publicitarios ha llegado a declarar. "La publicidad ha muerto, ahora lo que existe es el marketing relacional" o connections and colaborate marketing.

Asegura el doctor Kotler que ahora las personas forman parte de la cadena de diseño y no compran productos ni servicios, sino experiencias. Yo propongo otra forma de entenderlo y digo que *las personas ahora compran espejos,* cosas en las que reflejen lo que ellos son o aspiran ser.

Los neuromercadólogos por su parte aseguran que *las personas no compran los productos o servicios por lo que son, sino por lo que significan.* Entender esto es darle a cada cerebro su importancia en la toma de decisiones de nuestros prospectos.

De hecho los estudios de mercado tales como focus groups, encuestas de opinión están quedando en el pasado por que se dieron cuenta que en realidad la gente miente o no sabe lo que quiere y se ha optado por saber mediante el uso de tecnología más reciente como aparatos conectados al cerebro, o diademas cerebrales, como es que en tiempo real las personas respondemos a determinados estímulos ya sea al comprar, al percibir un olor, un sabor o una imagen.

Al intentar comprender como tomamos decisiones, requerimos observar como es en tiempo real el comportamiento de nuestras células y conexiones. Lo cual era imposible hasta hace pocos años pero con la llegada de nuevas tecnologías es ahora posible detectar esas activaciones cerebrales que suceden ante los estímulos que se presentan a voluntarios.

Una de esas propuestas tecnológicas fue desarrollada por el Doctor Jaime Romano pionero en américa latina para comprender la mente en los procesos que tienen que ver con la toma de decisiones.

El doctor Jaime Romano dice que para activar la toma de decisiones primero se requiere atraer la atención, luego entonces puede haber una activación sensorial que mediante su dispositivo es posible medir generando un mapeo o cartografía de los ritmos cerebrales. Después de esa activación es mediante los procesos de emoción, cognición, regulación que se produce el juicio para la acción y la toma de decisiones. Le recomiendo ampliamente que conozca un poco más de su propuesta y Neuropirámide.

Todo este desarrollo ha llegado también a otros ámbitos donde las personas deben tomar decisiones y medir en tiempo real esa respuesta ante estímulos. Ya sea para una campaña publicitaria, un discurso político o saborear un helado.

Esta forma de estudiar y de comprender la mente tomando decisiones sin duda se ha convertido en un cambio de paradigma, porque no le permite al usuario la oportunidad de mentir o de sesgar sus respuestas, muestra la información al desnudo y aunque la tecnología está sustentada solo en tres tipos de cerebros, considero que es un salto muy importante para entender al mercado.

Diadema cerebral.

Otra propuesta innovadora y de vanguardia es la diadema cerebral desarrollada por la Tan Le una mujer de Taiwan. Llega un poco más allá del análisis y nos lleva a la acción propiciada mediante órdenes directas de nuestro cerebro hacia las cosas mediante una interfaz en tiempo real.

Esta diadema nos permite evitar el ingreso de comandos para que una computadora interprete y ejecute una tarea toma en cuenta que la comunicación humana se ha vuelto más compleja y más interesante porque tiene mucho más de lo expresado explícitamente. Mediante las expresiones y el lenguaje del cuerpo podemos intuir emociones que son parte de nuestro diálogo y toma de decisiones. Esto juega un importante rol en nuestra manera de investigar ahora los mercados.

Afirma Tan Le en una entrevista que *"Este nuevo campo de interacción humana entre el hombre y las computadoras para que éstas puedan comprender no sólo los comandos que les ordenamos sino que también puedan responder a nuestras expresiones faciales y nuestras emociones parece una buena idea pero, no es tarea fácil, por dos razones principales: primero, porque los algoritmos de detección no siempre son suficientes. Por otro lado el cerebro está conformado por miles de millones de neuronas activas cuyos axones, combinados, alcanzan una longitud de 170.000 km. Cuando las neuronas interactúan la reacción química emite un impulso eléctrico el cual puede medirse. La mayor parte de nuestro cerebro funcional se encuentra distribuido en la capa externa del cerebro.*

Para lograr mayor superficie con capacidad mental la superficie cerebral está densamente plegada. Bien, los pliegues de esta corteza presentan un desafío no menor para interpretar impulsos eléctricos superficiales. La corteza de cada individuo está plegada de manera diferente, a la manera de huellas digitales. Por eso, si bien una señal puede provenir de la misma parte funcional del cerebro, la particular estructura de los pliegues hace que la posición física de esta señal varíe de individuo a individuo incluso entre hermanos gemelos. Ya no existe coherencia en las señales superficiales.

El descubrimiento fue la creación de un algoritmo que despliega la corteza de tal manera que las señales pueden localizarse cerca de su origen para poder aplicarse a la población en general.

El segundo desafío reside en el dispositivo para observar ondas cerebrales. La electroencefalografía requiere de una red de sensores alrededor de la cabeza como la que se ve en esta foto. Un técnico coloca los electrodos sobre el cuero cabelludo mediante un gel conductor o pasta habiendo antes preparado el cuero cabelludo con abrasivos suaves. Pero esto lleva bastante tiempo y no es un método muy agradable. Y, además, estos sistemas cuestan decenas de miles de dólares".

Este dispositivo desarrollado por Tan Le, es un aparato de electroencefalografía de 14 canales y alta fidelidad. No requiere de preparación del cuero cabelludo ni geles ni pastas. Se coloca en unos pocos minutos y se espera a que aparezcan las señales es inalámbrico por lo que permite que nos movamos.

Otra gran ventaja de esta tecnología es que es muy accesible ya no se requieren decenas de miles de dólares de los sistemas de electroencefalografía tradicionales este casco sólo cuesta unos pocos cientos de dólares. Ahora, los algoritmos de detección, expresiones faciales, están diseñados para funcionar fuera de la caja con algunos ajustes sensoriales disponibles para personalización.

Si usted después de leer esta información no le queda claro que debemos diseñar las estrategias de mercado con otra perspectiva y nuevas tecnologías, corre el riesgo de quedarse rezagado o no responder adecuadamente a las tendencias del mercado.

¿A cuál de los 5 cerebros quiere usted venderle?

Aunque es un tema muy abundante que presentaré en un próximo libro, por el momento diré que nuestros nuevos retos para conquistar mercados es entender que cuando vendemos o deseamos que el mercado nos compre algo debemos considerar cual es nuestro verdadero TARGET CEREBRAL.

Pues algunos de forma inconsciente buscarán **ser convencidos** que nuestro producto es bueno, otros más se activarán cuando toquemos sus **fibras emocionales**, algunos más tomarán sus decisiones de forma ***impulsiva o instintiva***. Desde luego para otros su principal motor será aquello que para ellos tiene **un significado** importante y otros más por estatus o *sentido de pertenencia colectiva*.

Todas estas estrategias que podemos aprender y comprender no son una simple moda pues resulta que siempre hemos funcionado así, pero que no nos habíamos detenido a comprender como es que nuestra Mega Maquinaria Mágica toma esas decisiones.

Si partiendo de lo simple que puede ser este sistema desarrollamos nuevas formas de conquistar el mercado. Nuestros resultados nos dirán si tenemos o no la respuesta correcta.

Neuroaprendizaje.

Aunque existen muchas especies que se renuevan a lo largo de su vida como las águilas, peces, larvas, ratones, insectos y crustáceos, podríamos decir que el ser humano es la única especie que tiene la capacidad de renovarse o reinventarse todos los días y por voluntad propia y esta capacidad se la debe a su capacidad plástica de aprender.

Mencionamos al principio la frase de Leslie Hart, "Enseñar sin saber cómo funciona el cerebro es como querer diseñar un guante sin haber visto nunca una mano". Entonces vale la pena replantearnos, ¿cómo es que aprendemos o que es el neuro aprendizaje? pues como ya revisamos tenemos 5 cerebros y cada uno de ellos aprende de una forma distinta.

Otra cuestión importante es preguntarnos, si todos los canales que a lo largo de la vida hemos abierto mediante millones de conexiones deben seguir activos o debemos clausurar algunos de ellos para reinventar otra versión de nosotros mismos, es decir reaprender. Porque a lo largo de la vida habremos metido a nuestro sistema muchas cosas que definitivamente nos conviene desechar.

Suena la campana de la escuela y nuestros niños se forman, siguen las instrucciones para hacer una fila derecha porque van a realizar honores a la bandera, acto después del cual entran calladitos al salón para atender la clase donde cada maestro con su metodología intentará llenar esas cabezas de información novedosa para esos chicos inquietos.

Existen maestras y maestros verdaderamente hábiles para desarrollar los conocimientos y habilidades. Es también cierto que muchos de nuestros sistemas están basados en modelos que poco permiten individualizar y terminamos tratando igual a personas diferentes.

Gestión del talento.

Algo que poco se toma en cuenta en este enfoque de la educación, es la gestión del talento, es decir *"Desarrollar lo que somos y no lo que no somos"* esto puede llegar a ser la individualización por excelencia.

Una investigación que realizó Gallup y detallan Marcus Buckingham y Donald O. Clifton en su libro "Ahora descubra sus fortalezas", es un estudio acerca de los talentos donde se detalla con claridad cómo es que se produce cada uno de ellos y porque después de los seis años de edad esos canales preferentes de acceso a la información, están ya muy definidos para el resto de nuestra vida.

Al ignorar como es que cada uno de nuestros cerebros aprende es entonces que vivimos en una cultura en la que nos enfocamos en las debilidades y carencias de las personas, tratamos de corregir nuestras imperfecciones mediante procesos de formación ya sea en la escuela o en la empresa para lograr la excelencia.

Es irónico pero cierto: Muchos padres de familia se enfocan en las calificaciones que sus hijos tienen bajas, y no ven en que cosas son muy buenos. Queremos que sea creativo alguien que es muy analítico o que sea organizada una persona creativa, para conocer sobre la felicidad, estudiamos la depresión; para entender el orden, estudiamos el caos, cuando queremos conocer el secreto de un matrimonio feliz, acudimos a las estadísticas y causales de los divorcios y ese enfoque es incorrecto, pues para entender la felicidad debemos estudiar a las personas felices. Así de simple.

No se trata de ignorar nuestras debilidades pero tampoco enfocar nuestra vida en intentar eliminarlas, en este estudio de Marcus Buckingham y Donald O. Clifton encontrará las estrategias alternativas para manejarlas y descubrir cuáles son sus verdaderas fortalezas de las 34 disponibles, 5 son las más importantes para cada persona, y es vital conocerlas, porque sería una tragedia pasar por esta vida sin utilizarlas en algún momento.

Imagínese usted, más del 95% de aquellos que visitamos el 2 de noviembre en México (los difuntos) jamás supieron para que eran buenos, nadie se los dijo jamás, así que los enterraron con todo y sus talentos.

El que baña un burro pierde el jabón y pierde el tiempo.

Tengo 25 años siendo consultor y dando capacitación pero **NO CREO EN LA CAPACITACIÓN** sin propósito. Es decir estoy convencido que la capacitación por sí sola no transforma la realidad. Esto sucede con frecuencia por no conocer los verdaderos talentos de la gente, es decir; aquellas cosas para las cuales las personas de forma más natural o por su conectoma cerebral son muy competentes y eso se puede saber mediante un test o un proceso personal de autoconocimiento, eso nos permitirá dejar de gastar en capacitación sin sentido para personas que no tienen el perfil adecuado.

Si usted desea conocer su potencial o el de sus empleados en nuestra plataforma encontrará algunas sugerencias útiles www.inteleq.com.mx que lo podrán orientar.

Pero no sólo se trata de conocer sus fortalezas, pues si usted tiene un equipo de personas a cargo, le conviene descubrir lo mejor que llevan dentro, una empresa sea pequeña o grande debe comenzar a entender que antes de capacitar al personal, perfeccionar sus procesos de selección desde el diseño de cada perfil, un cuidadoso reclutamiento ya que es muy difícil y costoso formar talento donde en verdad no existe.

Perdón por el burdo ejemplo pero usted no convertirá una calabaza en sandía, ni un perro Chihuahua en San Bernardo por más capacitación profesional que le proporcione.

12 . Procesos efectivos de enseñanza-aprendizaje en organizaciones

Como ya pudimos ver, las organizaciones al igual que las personas son entes que aprenden, y las estrategias de aprendizaje se basan en gestionar talentos o modificar los diversos tipos de memoria que poseemos para renovarnos con mejores contenidos anclados en ellas. Pero también pensemos en lo siguiente.

¿Es función de una empresa enseñar, o invertir en capacitación?

Muchas veces me he preguntado si las empresas y organizaciones deberían gastar en procesos de formación porque se supone que para eso existen las universidades y escuelas, que es en ellas donde las personas deberían desarrollar sus capacidades para luego implementarlas en la vida laboral o profesional, sin que se tenga que hacer un gasto adicional en capacitación. En otras palabras, las universidades son para estudiar y las empresas para desarrollar y gestionar el talento, al menos eso creo yo.

Con este comentario solo quiero resaltar existe la sospecha de que nuestros modelos universitarios están caducando o siguen desvinculados de las verdaderas necesidades de la vida profesional, empresarial o institucional a tal grado que las propias empresas tienen que hacerse cargo de formar e invertir en corregir las deficiencias formativas de las universidades porque estas desconocen cómo es que funcionan los procesos en la vida real.

Si el escenario fuera diferente y existiera una realidad donde el proceso más relevante de las empresas sea la *selección de personal* pudiéramos tener equipos de trabajo adecuados, personal comprometido y satisfecho, gestionar el talento contratado además de evitar costos innecesarios en formar o motivar personas para adaptarlas a un perfil que no tienen.

Pero no sucede así en nuestros países latinoamericanos, porque en la realidad la mayoría de los empleos son generados por pequeñas y medianas empresas de origen familiar donde sigue prevaleciendo el criterio de que el requisito más importante para ocupar cargos directivos es ser hijo, hermano, nieto o miembro de la familia, no importa si tienes o no idea de cómo funciona o se dirige una empresa.

Peor aún es el caso de nuestras instituciones de gobierno, se obtiene un cargo por ser amigo del candidato ganador, ayudaste en la campaña o haz sido leal al partido que postulo al candidato. Así se siguen integrando los equipos de trabajo y basta ver varias muestras actuales en México y varios países latinoamericanos. Ya podrá usted predecir el resultado.

Cuando colaboré en BIMBO comprendí que el proceso más importante de que debería considerar seriamente cualquier institución es la *selección del personal,* ellos entienden que hacer bien ese proceso garantiza el desarrollo de la empresa, la satisfacción laboral y la permanencia de la gente en la empresa. Pero más allá de ello, reduce costos, nos vuelve más rentables y podemos contar con mejores equipos de trabajo capaces de crecer y lograr resultados.

Voy a poner un ejemplo sencillo lo importante que es tener a las personas indicadas en el puesto adecuado antes de siquiera gastar un centavo en capacitación. ¿Conoce usted los cubos de "juega y aprende" con los que juegan los niños de hasta 3 años en los cuales deben meter una figura de estrella donde está el hueco para la estrella, triangulo donde está el espacio para triangulo y demás? Pues eso es un ejemplo de lo absurdo que pueden ser nuestras decisiones al integrar personas y equipos donde metemos estrella donde debe ir círculo o triángulo donde va cuadrado y peor aún pensar que con capacitación vamos a convertir el triángulo en círculo.

Por eso me niego a ofrecer a las empresas *enfermas de cursitis* procesos de formación sin un propósito específico, porque no explosionan ningún potencial de las personas o equipos, y es dinero tirado a la basura. Sugiero que tanto las personas como las organizaciones tenemos y debemos revisar los *procesos de selección y de aprendizaje.* Contar con un diagnóstico de necesidades reales y una vez teniendo eso, podrán tener resultados exponenciales en su persona, empresa o institución. Dicho lo anterior retomo la importancia de los procesos de aprendizaje y el papel que juega en ellos cada una de nuestras memorias.

¿A cuál de las memorias quiere usted capacitar o educar?

La mayoría de las personas no hacen las cosas por tres posibles razones:

1. No saben.
2. No pueden.
3. No quieren.

Erradicar estas barreras requiere de procesos de activación mental muy diferentes pues no es lo mismo lograr que las personas desarrollen:

a) Conocimientos.
b) Habilidades.
c) Actitudes.
d) Prioridades.
e) Lazos.

Enuncio algunos ejemplos sencillos; Si una institución requiere un ingeniero químico para el laboratorio debe asegurarse que cuenta con los **conocimientos**, si requiere una persona para dirigir equipos o negociar debemos privilegiar sus **habilidades**. Si requerimos personas que hagan sentir bien a los clientes debo revisar sus **actitudes**. Si por otro lado requerimos fortalecer las relaciones públicas o generar empatía debemos encontrar personas hábiles para **conectar** con los demás y **generar vínculos**.

Estamos en cada caso intentando estimular o educar a una memoria diferente y si ya entendimos que esto se logra mediante conexiones cerebrales debemos conocer entonces como se activa y funciona cada memoria.

Plan de formación basado en Neuroaprendizaje

Queremos innovación, creatividad, compromiso, satisfacción laboral, ventajas competitivas, pero muchos gerentes ignoran los ingredientes necesarios para conseguir eso y se basan sólo en datos estadísticos, comerciales o financieros para tomar decisiones empresariales pero no tienen idea de cómo medir lo que realmente los puede diferenciar y eso tiene otra lógica y no responde al inmediatismo.

Imagine un rompecabezas que intenta armar a oscuras: ¿qué tan exacto quedaría?, ¿cuántas piezas quedarían fuera de lugar? De la misma forma se han creado muchas organizaciones; se arma el rompecabezas a oscuras y cuando se ilumina se ven piezas fuera de lugar y se liman asperezas de los bordes para que logren encajar. En síntesis, queda una organización con empleados fuera de lugar en el que sufre la organización, sufren los clientes, sufren las familias, y obtenemos una empresa que se dirige al fracaso.

Todos sabemos que las personas son la parte más importante de cualquier empresa, pero cuando se trata de demostrar la importancia que tienen y reflejar en el presupuesto asignado en las empresas, muchas de ellas asignan lo menos posible privilegiando los activos fijos o compra de tecnología.

De cualquier forma y una vez que contamos con el equipo de colaboradores aptos para cada puesto debemos de obtener lo mejor de su potencial y plasmar eso en un plan que nos ayude a educar, formar y desarrollar cada uno de los cerebros.

Eso es fundamental para dar claridad y rumbo a todas las capacidades a) intelectuales, b) emocionales, c) de viabilidad y sobrevivencia, d) simbólicas y d) colectivas. Entonces nuestros sistemas de formación deben procurar la integralidad tanto en los contenidos como en la metodología.

Para educar y formar cinco cerebros diferentes habrá que echar mano del aprendizaje acelerado, del coaching, la experiencia vivencial, el análisis de casos y de las mejores prácticas.

Esto no significa que a cada cerebro tengamos que ponerle un maestro diferente, pues nuestra capacidad de aprender todo el tiempo está activa, recordemos que al final este neuroaprendizaje es también la construcción de conectomas y apertura de canales nuevos hasta que estas sinapsis sean robustas, nuestra plasticidad cerebral no tiene límites y tampoco nuestra capacidad de aprender.

Pero también recordemos que nuestra mente asimila de una forma mejor aquello que es relevante y tiene un significado un potencial excitador, un estímulo relevante, que permita desarrollar todo el potencial sináptico. Si nuestros modelos de formación continúan siendo aburridos o irrelevantes no veremos resultados positivos.

En la actualidad los contenidos y métodos creativos están al alcance de cualquiera por medio del internet, encontraremos dinámicas, videos y una infinidad de esquemas para propiciar el autoaprendizaje. Los niños aprenden jugando y este tipo de métodos lúdicos se intenta ahora con adultos siendo evidente que funcionan.

Pero es al final de cuentas mediante la repetición, el modelaje, la observación, la práctica, la vivencia y otras técnicas que se desarrollan habilidades, nuevos conocimientos y competencias que combinadas con nuestros talentos forjan nuestro nuevo perfil personal y organizacional.

13. Equipos empoderados y de Alto Desempeño

Si queremos estar en las ligas mayores debemos contar con profesionales para integrar equipos de alto desempeño, de lo contrario sólo estamos alimentando ilusiones. ¿Será acaso posible convertir un equipo de trabajo común en un equipo de alto desempeño?

En el programa de desarrollo de nuevas habilidades gerenciales casi siempre les hago a los participantes la siguiente pregunta. ¿Cuál es el reto más importante de una persona que dirige una empresa o una organización? Entre las respuestas más comunes están; Motivar a nuestro equipo, lograr los resultados propuestos, hacer que la empresa crezca. Etc. Y yo los digo mi respuesta, "el reto más importante de un líder es *hacer NADA*".

Los que dirigimos una organización o empresa debemos tener muy claro que somos potenciadores y que lo primero que debemos cambiar es la forma de pensar la gerencia porque *no es nuestra tarea decidir todas las cosas* y menos aún hacer o supervisar todo. Para eso hay un equipo que debemos dirigir y con ello propiciar que lo que deba ocurrir, suceda.

Si un gerente o director se hace el tiempo suficiente para estar con la mente despejada y desocupado pero alerta de todo lo operativo puede ayudar a su empresa a buscarse nuevos retos para el equipo, pero si siempre está ocupado, inmerso en los problemas cotidianos, tal vez ni cuenta se dé que viene una gran ola y puede acabar con todo o perder oportunidades por no disponer de tiempo para verlas.

Empowerment o empoderamiento quiere decir potenciar al igual que la naturaleza de nuestras neuronas que explosionan para formar nuevas conexiones, cada uno de los integrantes de nuestro equipo puede convertirse en un elemento clave.

Uno de los autores más influyentes en este tema Ken Blanchard en su libro empowerment 1993 nos muestra que el empoderamiento en el caso de un equipo es el hecho de confiar en sus capacidades para detonar su poder y autoridad, y conferirles el sentimiento de que son dueños de su propio trabajo y de sus propias decisiones. Es facultarlos lo cual consiste el liberar los conocimientos, la experiencia y la motivación que ellos ya poseen.

Esta es la mejor forma de construir organizaciones inteligentes y de alto desempeño porque se vuelven:

- Rápidas y flexibles
- Eficientes en costos
- Orientadas al cliente
- Mejoran continuamente.

El empoderamiento es una decisión que debe tomar el líder, y debe contar con determinados valores, conocer bien a cada integrante del equipo. Por eso cuando una organización es lenta y obsoleta lo más recomendable es cambiar de líder.

No es un proceso fácil porque tradicionalmente sentimos la necesidad de un líder que encabece los proyectos, es el que inicia, planea, motiva y organiza. Sin embargo todo esto debemos olvidarlo si queremos una organización empoderada.

Blanchard nos muestra tres claves principales para que esto suceda.

1. Compartir información con todos.
2. Crear autonomía por medio de fronteras.
3. Reemplazar la jerarquía con equipos facultados.

Si usted tuviera interés en conocer un poco más de los procesos de empoderamiento para los equipos, le recomiendo ampliamente el libro de Ken Blanchard.

Sin embargo no olvidemos que también nuestra labor es impactar en el sistema de creencias y valores del equipo, que a veces son necesarios procesos de cambio que requieren desaprender algo que no funciona para aprender formas efectivas de hacerlo diferente y mejor. Esa función importante ahora se le conoce como Coaching, nos ayuda conocer y obtener lo mejor de cada uno de los integrantes del equipo y a ellos lo mejor de sí mismos.

Que mejor manera de crear poder y autonomía en las personas, que sembrando confianza en ellos mismos y en sus capacidades.

Los principales maestros de nuestra vida.

Hemos lanzado en todo el país un programa de nuevos valores, del cual coordino el esfuerzo de un gran equipo convencido de que el cambio no se va a conseguir solo si el gobierno cambia. Ese programa se llama Unidos por Valores y en el reconocemos que tenemos un gran país, hermoso, lleno de historia y con las mayores riquezas, pero también tiene cáncer, conformismo, apatía, corrupción, violencia, pobreza e ignorancia. Este cambio solo sucederá si sembramos ciudadanos diferentes y mejores, cuando de una vez por todas cambiemos de conectoma.

Al acudir a la presentación del programa donde se invitan a directores de escuelas, empresarios, presidentes de cámaras y asociaciones casi siempre les hago esta pregunta. ¿Qué cualidades buscan las empresas o instituciones en las personas que desean se integren a sus filas de colaboradores?

Honestidad dice alguno, responsabilidad, iniciativa, carácter, responden otros, inteligencia y decisión responderán más atrás. Luego entonces les pregunto. ¿En cuál universidad o escuela se puede aprender todo eso? La respuesta más común es; en su casa, o en la familia.

Las escuelas y las empresas nos ayudan a aprender de matemáticas, física, biología, idiomas o geografía, pero el espacio para aprender los valores que en la vida nos volverán una mejor o peor versión. Está en nuestra propia casa.

Cambio de Chip.

Si queremos activar cada uno de nuestros 5 cerebros y aprovechar su capacidad infinita de aprendizaje debemos de conocer cada día mejor la forma que funcionamos, las cosas que nos bloquean y las que nos estimulan, si aplicamos en conocimiento de la neurotransmisión cerebral **NP5**. Podemos estar seguros de que nuestro avance será mayor que el estándar.

Si además nuestra tarea es desarrollar personas para construir organizaciones de alto desempeño y felices, caeremos en la cuenta que nos han puesto a cargo de un rediseño de conectoma colectivo, o *un cambio de chip* que nuestra responsabilidad es construir mediante procesos de enseñanza aprendizaje un equipo más capaz de enfrentar sus miedos, deficiencias, zonas de confort y de ponerlos frente a espejos más interesantes o excitantes que para ellos signifiquen cosas que realmente tengan impacto en su vida y les hagan tener propósito.

Las personas se estimulan al aprendizaje si son capaces de descubrir las ventajas de un nuevo modelo comparado con el modelo anterior.

14. Zonas de confort como salir de ellas.

Uno de los principales enemigos silenciosos de nuestro desarrollo personal, grupal y empresarial son las llamadas zonas de confort. ¿Cómo saber si uno mismo o nuestro equipo se encuentran en una zona de ellas? Le planteo algunas preguntas.

1. ¿Cuántos libros ha leído este año?
2. ¿Qué habilidades nuevas ha desarrollado?
3. ¿Cuantos proyectos nuevos ha emprendido fuera de su trabajo?
4. ¿Cuantos clientes nuevos buscó esta semana?
5. ¿Qué tan fácil le resulta abordar a personas con influencia y con qué frecuencia lo hace?
6. ¿Hace cuánto tiempo siente que vive una rutina?
7. ¿Cuál fue la última vez que tomó un riesgo importante?
8. ¿Piense en tres cosas que ha querido hacer desde hace mucho pero aún tiene pendientes?

¿Qué son las Zonas de confort?

Esos ambientes que nos hacen sentir cómodos y seguros pero que estancan nuestro desarrollo, no necesitamos esforzarnos, aprender o arriesgar para seguir viviendo "cómodamente". Recordemos algo que tenemos en contra y es el hecho de que nuestro sistema cerebral es el que consume la mayor energía del cuerpo, entonces es por naturaleza es perezoso o dicho de otra manera tiende a ahorrar energía y prefiere recorrer los caminos conocidos e iluminados.

Tipos de zonas de confort

Si usted pensaba que todas las zonas de confort son amplias y cómodas, seguras y sin problemas permítame informarle que no es así. Porque hay zonas de confort que realmente son pésimas, incómodas y peligrosas, aquí le muestro algunas de las que pueden existir.

Chozas de confort.

Hay personas que pueden vivir debajo de un puente o estar viviendo una vida realmente terrible en su ambiente laboral, familiar o social y pensar que son felices. Es esa situación realmente negativa que no cambiamos por seguridad y miedo a lo desconocido. En este caso, en realidad es una "zona de pánico o incomodidad" y estaría mal llamarla "de confort". Pero lo es porque elegimos estar ahí.

Residencias de confort

Es en esa situación donde no estamos creciendo ni usando todo nuestro potencial. Por ejemplo: tenemos una cartera de clientes segura y ventas para salir del paso, un trabajo seguro, una plaza en el gobierno que no paga más o menos bien y llevamos una rutina cómoda y se cumple la premisa de que. *"Tu perspectiva de la vida proviene de la jaula en la que estas cautivo".-Shannon L. Alder.*

Mansiones de Lujo de confort.

Pero si usted cree que las zonas de confort son exclusivas de las personas promedio que se la pasan la vida persiguiendo y protegiendo "la chuleta" permítame decirle que existen otras personas ya sea artistas, deportistas, grandes empresarios o personas jubiladas que han ampliado su zona de confort con varias habitaciones, cocinas, comedores y closets interminables o habitaciones enteras para guardar sus zapatos. Se sienten a gusto ahí porque ellos ya lograron lo que querían de la vida y solo falta que llegue "el día del matadero".

Cotos privados y exclusivos de confort.

Estos se caracterizan por ser generacionales y heredables. Podríamos decir que es el caso de los reyes de diferentes países. Si alguien nace en un palacio su vida ya está resuelta, no tendrá que trabajar, será príncipe de facto y heredero a la corona.

Pero también es el caso de personas más comunes, donde los negocios u oficios pasan de una generación a otra y se vuelven familiares, así que los herederos ya no deben preocuparse de malgastar sus neuronas pensando que van a hacer para ganarse la vida o para su desarrollo, pues ya lo tienen resuelto y se llega a dar el caso de que para muchos de ellos nunca pasa por su mente, otra posibilidad.

"El que no es lo suficientemente valiente como para tomar riesgos no logrará nada en la vida."–Muhammad Ali.

Brincando la muralla.

Si bien es cierto que las zonas de confort son en apariencia muy cómodas o seguras, eso es totalmente falso, porque son las responsables de los fracasos más grandes, pues de forma temporal pueden proveernos de alguna seguridad pero a la larga nuestra peor crisis puede ser no haber tenido ninguna crisis, por eso dicen los chinos, "si usted no tiene una crisis invéntesela".

Además no existe una persona, empresa o institución que pueda alcanzar el éxito si no se atreve a romper paradigmas y «brincar la muralla de la seguridad» se imagina usted ¿Cómo fue posible, la aviación, llegar a la luna, descubrir América, o conquistar la cima del Monte Everest? Obviamente hubo personas capaces de asumir riesgos y demostrar que tenían razón en las ideas que intentaban, por eso decía Mark Twain que *"**Una persona con una nueva idea, es loca hasta que triunfa**"*.

En atención a nuestro objetivo diré que solo puede haber desarrollo cerebral cuando logramos salir nosotros mismos o sacar a los demás de estas zonas de confort que tanto nos agradan pero que tanto daño nos hacen.

Si después de hacer un análisis personal o revisión con su equipo, llega a la conclusión de que ese potente vehículo ha quedado estacionado durante mucho tiempo y que necesita un cambio, eche a andar su Mega Maquinaria Mágica o permita que un experto le ayude a encontrar una mejor solución. Con toda seguridad ese intento de volverse una mejor versión, habrá valido la pena.

15 . Actitud 4x4
(Todo terreno)

El gran descubrimiento de mi generación es que un ser humano puede alterar su vida al alterar sus actitudes.

William James.

En esta parte final quiero invitarle a un viaje por terrenos complicados para juntos descubrir el gran poder que tenemos de conseguir nuestras metas mediante esa maravilla que hemos recibido por regalo y que yo le he llamado **Mega Maquinaria Mágica** que además de contar con una Neurotransmisión de 5 velocidades puede ser **4x4 es decir todoterreno.**

Es importante verificar lo que corre por sus venas.

La actitud de una persona frente a una **vicisitud** marca la diferencia, pues, cuando algo inesperado sucede no todos tienen la misma **respuesta**, por lo que la actitud nos demuestra la capacidad de una persona para superar o afrontar cierta situación, puede ser simplemente buena o mala, la correspondencia de esto está estrechamente relacionada con la personalidad de cada quien.

Pero si al ver el dolor ajeno, las oportunidades o la posibilidad de mejorar nuestra vida o el entorno, no hacemos nada al respecto, es muy posible que en lugar de sangre por nuestras venas esté corriendo atole. Victor Kupers plantea una fórmula donde que el valor de una persona se puede expresar con la siguiente fórmula:

V=C+H*A

- El conocimiento suma.
- La habilidad suma.
- Solo la actitud multiplica.

Está demostrado que la actitud tiene mayor potencia cerebral que el mejor de los conocimientos, si esto es así.

- Hazte cargo de tus pensamientos.
- Hazte cargo de tus influencias.
- Deja de quejarte y actúa.
- Cambia lo que tengas que cambiar.

Yo le propongo un esquema de fabricación casera y a título personal basado en lo que hemos aprendido juntos a lo largo de este libro.

- El Conocimiento Suma
- Nuestras emociones nos hacen sentir vivos y dan Pasión.
- Pasión + Impulso = Acción Motivada
- Acción + Propósito = Sentido de vida
- Sentido de vida + Apoyo colectivo = Éxito explosivo.

Sabemos no será fácil porque tener actitud es continuar donde los demás abandonan, es mostrar valor donde los demás se acobardan y salir de lo ordinario para forjar con carácter nuestro propio destino.

Entonces nuestra actitud es esa capacidad que nos da la libertad de tomar el control de nuestra transmisión cerebral para ir determinando en cualquier circunstancia que la vida nos presente, el rediseño de nuestro nuevo conectoma.

El camino más certero para construir la propia felicidad es el desarrollo de la actitud mediante el adecuado manejo de nuestra Mega Maquinaria Mágica. La vida nos hará muchas veces sonreír, disfrutar y celebrar pero también de tener la experiencia de llorar, fracasar, enfermarnos, perder a seres queridos, caer una y otra vez. Pero es en ese momento cuando la quinta potencia que nos da nuestra actitud, nos hará volver a sonreír, intentar de nuevo, reponernos, levantarnos y seguir creyendo en nosotros mismos. ***Eso es ser feliz.***

Marco Jaime

Agradecimiento y conclusión

Agradezco infinitamente su tiempo para leer este libro y espero de corazón que le haya sido útil para mejorar su vida y la de quienes le rodean.

Lo que yo pude aprender al concluir este viaje es que somos muy afortunados por tener la riqueza incomparable y expandible de nuestra capacidad cerebral. Una Mega Maquinaria Mágica que de forma colectiva podrá llevarnos si es que así lo queremos a construir un mundo mejor para todos.

ANEXOS Y REFERENCIAS.[3]

Estructura forma y función de las células.

Estas células especializadas en el sistema nervioso central (SNC) se clasifican según su estructura, forma y función.

Clasificación de las neuronas

Podemos clasificar las neuronas según su morfología y según su función.

Según su morfología

Hay cuatro tipos principales de neuronas en función de su forma: unipolares, bipolares, pseudounipolares y multipolares.

Unipolares

Las neuronas unipolares son las más comunes en los invertebrados. Estas neuronas se caracterizan por una proyección primaria que sirve como el axón y las dendritas.

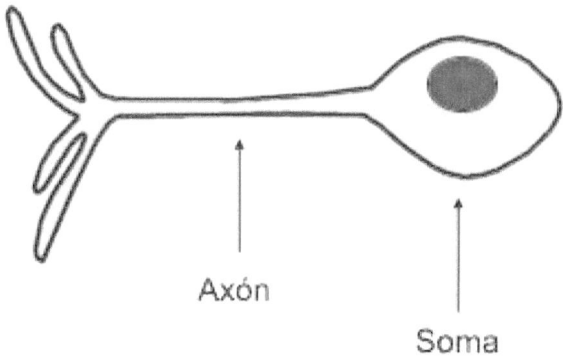

[3] https://www.psicoactiva.com "Clasificación de las neuronas"

Del soma sale una sola prolongación que se puede ramificar en muchas ramas. Una de estas sirve de axón, y las otras funcionan como estructuras dendríticas de recepción. No tienen dendritas que salgan del soma.

Bipolares

Otro tipo de neuronas son las neuronas bipolares, cada una con un axón que transmite señales desde el cuerpo celular que va al cerebro y la médula espinal, y con dendritas que envían señales desde los órganos del cuerpo al cuerpo celular. Estas neuronas bipolares se encuentran generalmente en los órganos sensoriales, como los ojos, la nariz y las orejas.

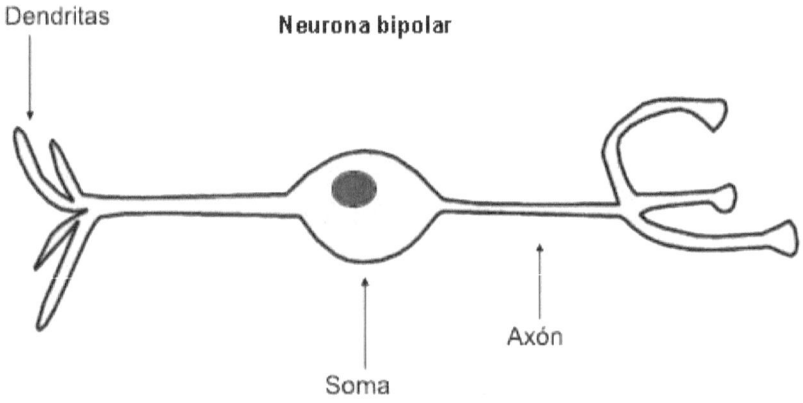

A veces, es difícil saber cuál de las prolongaciones es el axón y qué las dendritas. Pero desde un punto de vista funcional estas dendritas están especializadas en recibir información de otras neuronas, y el axón a conducir esta información en forma de impulsos nerviosos hasta los botones terminales.

Pseudounipolares

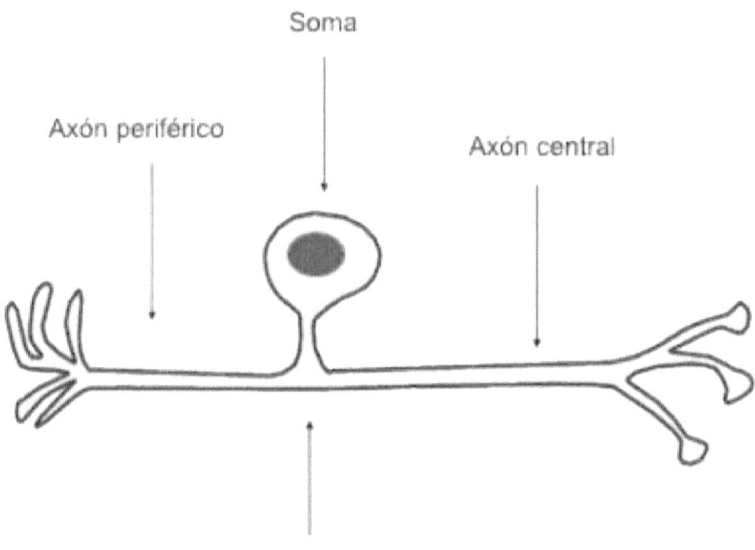

Las neuronas pseudounipolares se parecen a las neuronas unipolares porque cada una de ellas tiene un axón, pero no dendritas verdaderas. Sin embargo, las neuronas pseudounipolares son en realidad variantes de las neuronas bipolares. La razón de esto es que el axón único unido al cuerpo de la célula procede a dos "polos" o direcciones opuestos: uno hacia el músculo, las articulaciones y la piel, y el otro hacia la médula espinal. Las neuronas pseudounipolares son responsables del sentido del tacto, el dolor y la presión.

Multipolares

Las neuronas multipolares son las neuronas dominantes en los vertebrados en cuanto a número. Cada uno de ellos tiene un cuerpo celular, un axón largo y dendritas cortas.

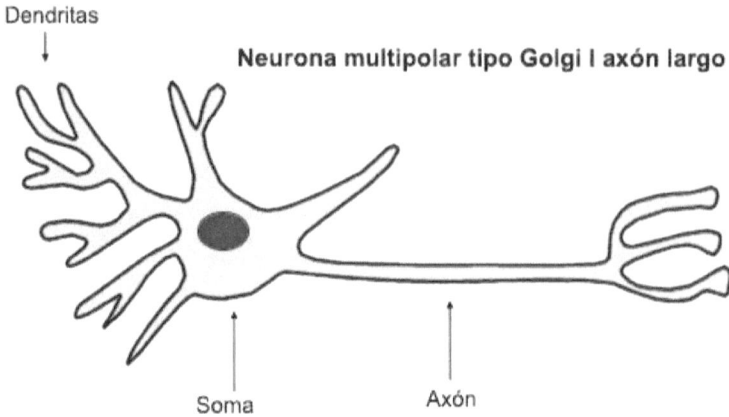

Según su función

Las neuronas también se pueden clasificar en función de su función específica. Podemos distinguir entre neuronas sensoriales, motoras e interneuronas.

Neuronas sensoriales

Las neuronas sensoriales son las que recogen la información de los diferentes órganos sensoriales, como los ojos, la nariz, los oídos, la lengua y la piel.

Neuronas motoras

Las neuronas motoras transmiten señales desde el cerebro a la médula espinal a los músculos para iniciar la acción o respuesta a los estímulos.

Interneuronas

Las interneuronas conectan una neurona con otra: los axones largos de los interconectores de proyección conectan regiones distantes del cerebro; los axones más cortos de las interneuronas locales forman circuitos más pequeños entre las células vecinas.

Rescate de frases

Usted no puede motivarse o motivar a las demás personas a perseguir cosas que no aman, objetivos que no importan, proyectos que no agregan significado a su vida o a la vida de las demás personas, porque es un asunto que tiene que ver con definir prioridades y activar la voluntad. Esto no puede ser procesado por ningún otro cerebro que no sea el del neurocardio.

Imagínese por un momento que ya posee el vehículo que siempre ha soñado, pensemos en uno potente con 5 velocidades, completamente de lujo y con un desempeño digno de competir en la **Fórmula 1**. *Usted conoce todas las características, capacidades y equipamiento del vehículo, porque recibió la información completa de parte de su asesor, pero no sabe lo más importante ¡Conducirlo!*

Lo más relevante aquí es que primero requerimos comprender como es que funciona cada uno de nuestros 5 cerebros frente a cada circunstancia para tomar decisiones sea de compra, superación o de conquista amorosa. Entender su autonomía y su interdependencia biyectiva, como procesan nuevas conexiones y como es que se bloquean, así que amigo lector yo no quiero proponerle que estudie una disciplina más, lo que realmente deseo, es invitarle a que se fascine con la forma tan compleja y sorprendente que nuestro mágico telar nos convierte en lo que somos cada día y como es que nosotros lo convertimos a él en una mejor versión cuando tomamos el mando.

No tenemos un solo cerebro ni una sola memoria, ni siquiera pueden ser entendidos o tratados de la misma manera y cada uno de ellos tiene funciones muy diferentes. En este libro comparto 25 años de experiencia e investigación que pongo a su consideración esperando le sea útil para conducir adecuadamente sus capacidades y las de quienes colaboran con usted, para lograr su mayor potencial y desarrollar personas y organizaciones ALFA.

Acerca del autor

Marco A. Jaime, es fundador y director de **Inteleq Institute**, una institución especializada en el desarrollo de personas, empresas y organizaciones, que ha brindado programas en México, Estados Unidos, Ecuador, República Dominicana y otros países latinoamericanos.

Fue Jefe de selección en Bimbo de Occidente de 1991 a 1993. Consultor para Empresas, Gobiernos e instituciones desde 1993, llevando a cabo programas para más de 120 empresas y más de 60 gobiernos locales, estatales, asociaciones civiles e instituciones internacionales.

Diseñó y actualmente es coordinador nacional del programa UNIDOS POR VALORES en México. Ha impartido programas de formación especializada a más de 20,000 Líderes, empresarios, ejecutivos, políticos y funcionarios de diferentes niveles.

Datos de contacto

En México
01 800 823 6898
(52) 378 7825133
Inteleq2@hotmail.com

www.ingramcontent.com/pod-product-compliance
Lightning Source LLC
Chambersburg PA
CBHW021401210526
45463CB00001B/182